PRÉCIS HISTORIQUE

DE LA

RÉVOLUTION HAÏTIENNE

DE 1843

PAR

F.-E. DUBOIS

PARIS

IMPRIMERIE DE P.-A. BOURDIER ET Cie

RUE DES POITEVINS, 6

1866

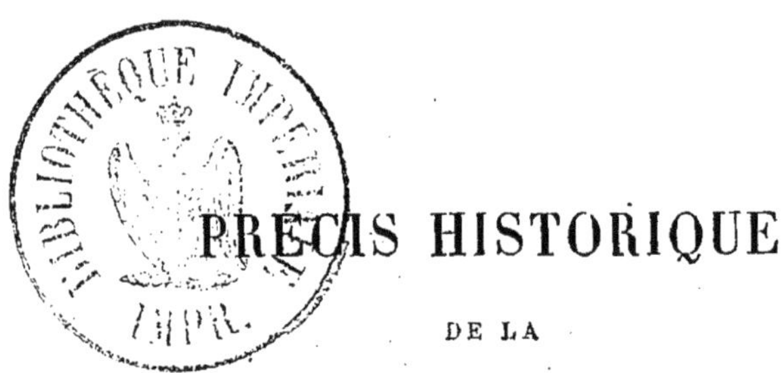

PRÉCIS HISTORIQUE

DE LA

RÉVOLUTION HAÏTIENNE

DE 1843

PRÉCIS HISTORIQUE

DE LA

RÉVOLUTION HAÏTIENNE

DE 1843

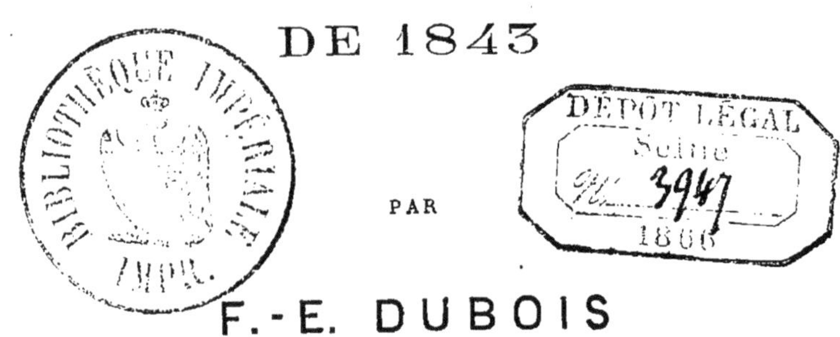

PAR

F.-E. DUBOIS

PARIS

IMPRIMERIE DE P.-A. BOURDIER ET Cie

RUE DES POITEVINS, 6

1866

DÉDICACE

AU PRÉSIDENT GEFFRARD

A vous qui avez toujours combattu l'absolutisme et qui, arrivé au pouvoir, avez doté votre pays d'institutions libérales, organisé la religion et largement répandu l'instruction primaire, ce premier besoin d'un jeune peuple;

A vous qui tenez dans les mains le drapeau de la révolution, et qui continuerez à mettre en pratique des principes que vous avez puissamment contribué à proclamer;

A vous dont la bonté du cœur, les sentiments généreux et le patriotisme sont connus de tous;

A vous qui aimez la gloire, et qui saurez l'attacher à votre nom en continuant à faire au pays tout le bien que vous pourrez,

A vous, Président, je dédie ce livre.

Paris, 1er mai 1866.

F.-E. DUBOIS.

PRÉFACE

L'écrit qu'on va lire n'était pas destiné à être publié. Acteur à la révolution de 1843, j'avais pensé, dès qu'elle s'était accomplie, à en consigner les causes, les phases et les effets, afin de conserver à ceux qui entreprendraient d'en faire un jour l'histoire, des faits exacts, écrits, pour ainsi dire, au moment où ils se passaient, et à donner à cet événement son cachet de vérité.

Depuis lors vingt-trois années se sont écoulées. La révolution de 1843, comme toute action en ce monde, a eu sa réaction. Elle a été belle, cette révolution, mais la réaction en a été sanglante : néanmoins elle a laissé des enseignements pour l'avenir.

S'il est vrai de dire que les révolutions sont des progrès, nous pouvons constater qu'en Haïti celle de 1843 a consacré des principes impérissables, encore que la réaction eût tout broyé.

La constitution de 1843 était très-libérale, on ne peut le nier. Elle instituait la préfecture, la commune, la présidence temporaire, enfin l'administration civile d'une manière complète.

On a prétendu, à cette époque, qu'elle était trop avancée pour le pays; et, lors de sa promulgation, en plusieurs endroits on s'insurgea contre elle. Il faut le reconnaître (car nous l'avons dit, l'histoire c'est la vérité écrite), des révolutionnaires eux-mêmes avaient pris part à cette réaction contre la constitution qui était pourtant leur œuvre. Mais ce qui prouve que cette constitution a laissé dans le pays des idées qui doivent survivre à toutes entraves, c'est que tous les gouvernements qui se sont succédé depuis 1843 ont, tout en proclamant la constitution de 1816, remplacée par celle de 1843, modifié la première suivant les principes proclamés par la dernière. Ainsi, quoique réduite, la commune, cette pierre angulaire de toute institution civile, a continué d'exister de même que l'institution d'un ministère responsable. On pourrait donc, en commençant par cette base et en remontant vers les principes de 43, faire une constitution appropriée aux véritables besoins du pays et lui éviter ainsi ces convulsions périodiques qui ne peuvent que lui enlever ses forces les plus vives, et le reculer au lieu de l'avancer dans la voie des progrès.

La révolution de 1843 était devenue indispensable. Le président Boyer, chef éclairé, mais trop infatué des idées des hommes de son temps, n'avait tenu aucun compte des idées nouvelles qui travaillent naturellement toute société qui se constitue, et refusait à celle-ci les garanties qu'elle réclamait, et qui ne pouvaient prendre naissance que dans des modifications à introduire dans les anciennes constitutions qui avaient jusqu'alors régi le pays.

On ne peut refuser cependant au président Boyer un esprit d'ordre, d'économie, et surtout une probité dignes d'être imités; mais, outre ces qualités indispensables à un chef de gouvernement, le président Boyer n'avait pas toutes celles qui constituent l'homme d'État et le véritable administrateur. Si, après avoir mis fin à la guerre civile en 1820, et réuni tout le pays sous son gouvernement en 1822, il avait modifié les institutions de l'époque et profité de la longue paix dont a joui le pays depuis lors jusqu'en 1843, pour le pousser vers l'industrie, en y introduisant les moyens nouveaux de développement créés par les peuples plus avancés que nous, certes il eût reculé, sinon empêché, toute idée révolutionnaire, et eût ainsi évité à la société haïtienne les événements dont elle a été l'objet.

En parlant des fautes de l'administration du président Boyer, je n'entends pas excuser celles qu'ont commises ses successeurs : à chacun sa part dans la grande histoire qui sera écrite un jour de la constitution des Haïtiens en société, de leurs différents gouvernements, etc. Je n'écris qu'une époque; je ne constate que des faits relatifs à un seul gouvernement; je les puise dans des documents officiels, et je raconte un grand événement.

Toutefois il faut considérer tout ce qui est arrivé comme des enseignements de la divine Providence. Aux peuples, il faut le moins possible faire des révolutions. A ceux qui gouvernent, il incombe l'obligation d'étudier les besoins de la société dont ils administrent les intérêts, d'aller au-devant de tous ceux qui sont immédiatement réalisables, et d'accorder à temps ce qui est demandé, afin d'empêcher ces commotions politiques qui entraînent après elles des malheurs incalculables. Nous trouvons dans l'histoire d'un grand peuple cette vérité tout établie. Si Louis XVI avait accédé à temps aux principes nouveaux à l'aide desquels le peuple français voulait désormais être gouverné, il eût évité à la France la grande Révolution de 93. Si Louis-Philippe avait mieux compris l'esprit de son siècle, et qu'il eût prêté l'oreille aux cris de réforme lancés par la société française, ils n'eussent pas été tous deux placés sous la pression de ce mot fameux et tristement célèbre : « Il est trop tard, » qui envoya l'un à l'échafaud, l'autre à l'exil.

Le président Boyer a eu de même le malheur de méconnaître les besoins nouveaux de la société qui lui avait confié ses destinées, et il paya ce malheur de l'ostracisme.

Cependant, il faut l'espérer, Haïti n'oubliera pas ce qu'il a fait de bien; et lorsque, un jour, elle pourra élever des statues à ses grands hommes, en nation généreuse elle gravera en traits ineffaçables le bien qu'ils ont fait, et oubliera leurs torts.

PRÉCIS HISTORIQUE

DE LA

RÉVOLUTION HAÏTIENNE

DE 1843

CHAPITRE I

SOMMAIRE. — Le général Boyer président. — Situation de la république à son avénement. — Mort de Christophe et fin de la guerre civile. — Réunion de la partie de l'est à la république. — Reconnaissance de l'indépendance d'Haïti par la France. — Le peuple est mécontent de l'énormité du chiffre accepté par le gouvernement. — Expression des vœux du pays par la Chambre des communes. — Démêlé du gouvernement avec la Chambre. — Expulsion de plusieurs députés. — L'opposition s'accroît de toute part.

A l'avénement du général Jean-Pierre Boyer à la présidence, Haïti était pleine d'avenir ; sa situation présente même était belle : riche de ses produits, forte de son indépendance de fait, et quoiqu'elle eût à soutenir une guerre intestine, elle pouvait encore faire respecter son pavillon au dehors et maintenir le gouvernement qu'elle venait d'instituer. Christophe, après avoir usé toute sa science despotique, finit par succomber sous les coups sans cesse renaissants de la république, et le mois d'octobre 1820 vit la partie nord de l'île réunie au gouvernement légitime. Le fondateur de la république avait préparé les événements de 1820 et 1822 : cette année son successeur fut appelé par les habitants de l'est pour en prendre possession.

Le président Boyer, il faut le dire, n'a pas peu contribué, par son activité, à consolider la réunion, sous les mêmes lois, de tout le pays. Mais ces succès l'aveuglèrent, et il ne prit plus conseil de l'opinion éclairée. Avec des pouvoirs aussi étendus qu'étaient les siens, avec l'amour de la chose publique dont étaient animés tous les citoyens, le président Boyer pouvait faire d'Haïti un État fort et relever la race africaine, que les préjugés de couleur avaient retenue si longtemps sous le joug ; mais sa gloire ne tarda pas à s'éclipser : 1825 prouva qu'il n'avait pas la connaissance exacte des véritables ressources du pays.

Pétion avait fait des démarches auprès du gouvernement de France pour en obtenir la reconnaissance de l'indépendance d'Haïti, ou du moins il avait accueilli favorablement les ouvertures qui lui étaient faites à cet égard ; mais jamais Pétion n'eût accepté cette reconnaissance au prix qu'elle nous était offerte.

Cependant, en juillet 1825, arriva M. le baron Mackau, porteur d'une ordonnance du roi de France, qui reconnaît l'indépendance d'Haïti moyennant le chiffre énorme de 150 millions de francs. Cette époque fut fatale pour le pays. Son gouvernement, sentant peu à peu la faute qu'il avait commise en contractant un engagement si fort au-dessus de ses ressources, se relâcha bientôt. Il fit des emprunts à intérêts pour payer les premières échéances ; mais la restitution du capital et le payement des intérêts suffirent pour lui faire comprendre qu'il ne parviendrait jamais à sortir d'embarras : et le peuple, accablé sous le poids du présent, désespéra de l'avenir.

Dès lors l'amour de la patrie s'éteignit peu à peu dans tous les cœurs ; l'égoïsme prit la place des sentiments généreux, et l'Haïtien, abdiquant pour ainsi dire ses droits, laissa au chef seul le soin de tirer le pays de l'état où il était tombé.

De nouvelles négociations furent cependant entamées avec la France afin d'arriver à une réduction de la dette, et ce ne fut qu'en 1838 qu'un traité vint fixer définitivement le sort d'Haïti. Ainsi, pendant une période de treize années, elle se trouva dans un tel état de langueur, que ses produits et sa consommation diminuaient considérablement.

Le président Boyer, convaincu que l'ordonnance de 1825 non-seulement avait blessé la dignité nationale, mais avait encore déplu au peuple par la forte indemnité qu'elle comportait, se détacha pour ainsi dire de la nation et ne marcha plus avec l'opinion publique ; il se fit un système d'administration qu'il modifia selon les circonstances, et son gouvernement perdit tout crédit.

Le laisser-aller était tel sous cette administration, que celui qui écrit ces lignes a vu le fort de la Pointe, à Jérémie, tomber pierre par pierre jusqu'à être réduit à rien, et c'était pourtant un des édifices de ce genre des plus solidement construits que le pays ait eus.

Avec un semblable état de choses, les obstacles durent naturellement se multiplier et le désordre s'introduire partout dans l'administration. Aussi le président Boyer, sentant l'existence de son gouvernement compromise, fut non-seulement obligé de tolérer cette situation, mais encore de l'encourager pour ainsi dire, en nommant aux fonctions publiques très-souvent des hommes peu propres à les remplir, parce que ceux-ci étaient les plus disposés à le maintenir au pouvoir.

Les choses en étaient là lorsque, le 12 février 1838, eurent lieu les deux traités qui réglèrent toute question entre Haïti et la France. La nation les accueillit comme ce qu'il y avait de mieux à désirer devant un avenir compromis par l'acceptation de l'ordonnance de 1825.

De ce moment, le peuple comprit que le payement de la dette intéressait sa nationalité, et il résolut de s'occuper un peu de ses affaires. Jusqu'alors la majorité de la Chambre des communes avait appartenu au pouvoir exécutif; il avait toujours pu s'en assurer en promettant aux députés qu'ils seraient appelés à occuper d'autres fonctions à la fin de leur mandat, s'ils voulaient lui prêter leur concours pour l'aider à combattre les factieux, c'est-à-dire ceux qui faisaient de l'opposition à son gouvernement.

Néanmoins la Chambre de 1838 ne put rester indifférente à l'état de marasme où était tombé le pays. Elle entendit les plaintes du peuple, et, dès son ouverture, elle fit part au président Boyer de la situation de la république, en le conjurant d'y porter remède. Voici cette pièce, qui était véritablement l'expression des vœux du pays et dont le langage modéré, nous dirons même flatteur pour le président Boyer, aurait dû lui faire comprendre que le corps social était travaillé par des idées de régénération, et qu'il eût été plus heureux pour lui et pour le pays qu'il se fût mis à la tête de ce mouvement dans les esprits pour le régulariser, le diriger à l'aide de ses lumières et de son expérience, et non le comprimer comme il le fit.

Cette adresse, comme on va le voir, quoique très-respectueuse, ne manque ni de dignité ni d'énergie.

Séance du 27 avril 1838.

ADRESSE DE LA CHAMBRE DES COMMUNES AU PRÉSIDENT D'HAITI.

« PRÉSIDENT,

« La Chambre, pleine encore de l'impression que votre discours d'ouverture a faite sur elle, vient vous porter l'expression des vœux et des sentiments d'une nation magnanime, « qui vous a confié le soin de son salut, et qui, fière des glorieux souvenirs que réveille en elle le traité qui reconnaît le « principe de son indépendance, vous félicite de l'heureuse « issue d'une négociation dont l'objet excita si longtemps les « incertitudes et les anxiétés du pays.

« Un autre traité, dont le texte, comme celui du premier, « lui a été transmis par les papiers publics et dont vos paroles « lui ont confirmé l'existence, termine la question de l'indemnité et révèle au monde notre morale politique.

« En arrêtant nos regards sur le premier, nous y reconnaissons le triomphe des idées libérales et le résultat du « mouvement d'entraînement du siècle. C'est le fruit de votre « constante sollicitude et du sublime dévouement qui nous fait

« préférer l'honneur de la patrie à tout autre intérêt. Mais si « l'on examine la conjoncture dans laquelle il s'est offert, on « lui trouvera l'aspect d'un de ces événements inattendus, « d'une de ces faveurs que le sort se plaît à vous prodiguer « comme pour marquer votre destination. Cette circonstance « met en votre possession les moyens d'asseoir l'avenir du « peuple haïtien sur les bases d'une régénération nouvelle; « elle agrandit votre puissance du bien, en immortalisant les « trophées de la liberté.

« Ainsi donc, elle dégage de la contrainte l'action de cette « faculté ordonnatrice dont l'emploi lumineux vivifie les États « et les conduit au bonheur.

« Ainsi, elle trace autour de vous un cercle de gloire que « vous remplirez, nous n'en doutons pas, d'utiles et fécondes « institutions, qui ranimeront l'espérance d'un peuple qui « vénère son premier magistrat, mais dont les pensées s'é- « lancent dans l'avenir, en fixant le présent avec l'inquiétude « de ce désir du bien qui cherche la réalité dans les disposi- « tions heureuses du gouvernement.

« La Chambre n'ignore pas qu'à côté de l'avantage d'amé- « liorer est le danger d'innover; mais elle sait aussi que, « lorsque les réformes sont l'œuvre de la sagesse, lorsqu'elles « sont réclamées par un impérieux besoin, lorsqu'une intelli- « gence de progrès préside à leur introduction, qu'elles sont « analogues aux principes conservateurs et dans l'esprit des « institutions, qu'elles servent à leur donner des développe- « ments vivaces, le danger cesse et il ne reste que le bien et « l'utilité.

« En applaudissant aux succès de nos efforts, la Chambre « ne se le dissimule pas, le traité financier, à part les obliga- « tions actuelles, est un mandat tiré sur la postérité; et si « nous léguons à la génération future l'honneur d'en acquitter « les derniers termes, transmettons-lui du moins le présent, « avec toutes les garanties qu'exige l'avenir.

« Comblons des cavités sociales qui sont dans les prévisions « des esprits éclairés, des abîmes où vont s'engloutir les espé- « rances des peuples, si la prévoyance n'en fixe les destinées. « Non, ce n'est pas innover que de consacrer des principes « pour empêcher que l'ordre ne soit abandonné au hasard des « variations politiques; au contraire, c'est accomplir un devoir « sacré, c'est affermir la société.

« La plus grande célébrité dont les annales du monde offrent « le témoignage, le génie qui pensait avoir dérobé le feu du « ciel pour en doter sa patrie, a dit : « La vie d'un homme est « trop courte pour faire le bonheur d'une nation : les institu- « tions seules peuvent conquérir l'avenir. »

« Cette pensée était aussi dans le cœur de votre illustre « prédécesseur : il en était profondément ému, lorsque, au « milieu des plus violentes convulsions civiles, il osa déposer « la dictature confiée à son patriotisme jusqu'à la paix inté- « rieure, pour appeler les pairs de la nation à convoquer une « assemblée de révision. C'est à cette époque de crise et d'agi- « tation que naquit la constitution de 1816, qui, malgré ses « imperfections, eut la vertu de moraliser et tranquilliser la « république durant plus de vingt années.

« Cet exemple, Président, est digne d'être imité!

« Le choc qui existe entre les principes fondamentaux et « les dispositions réglementaires de la constitution est une « antinomie qui doit disparaître du code des droits et des « devoirs. L'expérience proclame cette vérité : les dispositions « réglementaires d'une constitution arrêtent le jeu libre des « ressorts du gouvernement, dont les principes fondamentaux « sont le mobile; elles amoindrissent la somme du bien qui « doit découler de son action. La nation vous supplie donc « d'assurer son avenir : vous en avez la puissance et le génie; « aujourd'hui que la paix est imperturbable, il n'est plus « temps d'ajourner. Exprimez un vœu, et bientôt des mains « régénératrices reconstruiront l'édifice social; ravivez nos « institutions qui sont déjà menacées de vétusté, parce qu'aux « yeux du pays elles sont insuffisantes pour les besoins de la « société.

« La situation présente offre le spectacle de la lutte des « vieilles théories contre la nécessité des améliorations; rendez « impossible la réaction contre les idées, et vous empêcherez « le retour du passé.

« Les peuples sont ce que les gouvernements les font : ils se « soumettent avec plaisir au joug salutaire de la félicité « publique, et ce joug ennoblit leurs affections, fait éclore les « vertus privées et patriotiques, là où elles reçoivent les en- « couragements du gouvernement et où les lois les honorent.

« Les lumières peuvent seules faire avancer un État : leur « foyer est l'éducation; si elle reçoit parmi nous des soins « propres à lui imprimer une physionomie nationale, elle « s'associera aux institutions et concourra avec elles à former

« les mœurs, l'esprit et le caractère de la nation. Toutefois, « leur alliance donne de l'extension aux pensées, agrandit la « sphère de la civilisation et fait du bonheur du peuple une « science de tradition.

« Que l'agriculture, le commerce et l'industrie, ces législa- « teurs du dix-neuvième siècle, deviennent les véhicules de « notre prospérité future, et l'avenir est saisi !

« Alors le système social sera pondéré, les vices qui rongent « le corps politique cesseront d'exister, et ces rapports annuels, « qui annoncent une administration florissante là où il n'existe « qu'abandon et dépérissement, n'en imposeront plus à per- « sonne. Alors l'opinion, cette reine du monde, recouvrant sa « noble indépendance, dispensera l'éloge et le blâme, sans « craindre qu'on l'accuse d'être l'écho de la malveillance.

« L'armée, que nécessitent les besoins de la paix, déposi- « taire de la gloire nationale, gardienne de nos sécurités, « sanctifiera ces armes conquérantes de l'indépendance, en les « dévouant à la défense des libertés publiques.

« Notre législation est vide de plusieurs dispositions dont « l'absence se fait éminemment sentir ; elle invoque une loi « sur la police intérieure et des côtes ; et aussi un nouveau « mode d'organisation des tribunaux, qui classe la justice dis- « tributive en tribunaux de première instance et d'appel, « toutefois en laissant aux deux extrémités de cet ordre de « choses les tribunaux de paix et de cassation. Une loi sur la « régie et l'administration des douanes ; des modifications sur « la loi relative à la formation de la garde nationale. Une loi « qui rende la responsabilité des grands fonctionnaires réelle,

« et soumette à son empire les commandants d'arrondisse-« ments. Une loi qui donne un centre d'activité à l'administra-« tion de l'agriculture, et qui établisse un grand fonctionnaire « responsable. Une loi qui favorise les inventeurs des arts « utiles et leurs introducteurs dans le pays. Une loi qui fixe le « taux du loyer de l'argent et frappe l'usure. Une loi qui « fixe le sort des vétérans de la gloire nationale et donne plus « de virilité à l'administration. Une loi qui destine exclusive-« ment les condamnés pour crimes aux travaux de la répara-« tion des routes et voies publiques. Une loi qui favorise la « propagation des bêtes à cornes, désigne les lieux où elles « peuvent être gardées sans nuire aux progrès de l'agricul-« ture et indique aussi en quels lieux elles doivent être abat-« tues. Une loi avantageuse à l'exportation des bêtes à cornes « de la partie de l'est. La restriction du pouvoir des juges de « paix de juger sans appel. Une loi sur l'administration des « épaves et une autre qui établisse la réunion des amendes à la « caisse de l'enregistrement. Le budget des dépenses publiques « pour donner à la Chambre la mesure des impôts qu'elle est « appelée à voter chaque année.

« Ces lois, ces dispositions, ainsi que la révision du pacte so-« cial, sont les plus pressantes nécessités du pays : il en est d'au-« tres sans doute non moins nécessaires, mais celles-ci doivent « les précéder, et leur servir pour ainsi dire d'introduction.

« Si nous examinions à présent l'instabilité de certaines lois, « nous nous étonnerions de les voir s'arrêter tout à coup « comme frappées d'inertie, après avoir pris un essor rapide ; « de ce nombre, on distingue le Code rural. Il est tombé et

« sa chute a écrasé l'agriculture; mais, il faut le dire, il a subi « le sort de toutes les institutions qui ne sont pas dans l'es- « prit d'un siècle de perfectionnement. Sa chute ne saurait « être le résultat des attaques partielles auxquelles il a été « en butte. Privé de la sanction de l'opinion, l'intérêt même « n'a pu le garantir d'une désuétude hâtive; mais nous croyons « pouvoir avancer, sans crainte d'être contredit, que ce Code, « modifié et approprié aux besoins de l'époque présente, pro- « duira les plus heureux effets.

« L'humanité sollicite à grands cris la mise à exécution de « la loi sur les hospices : votre cœur entendra sa voix!

« Voilà, Président, l'expression fidèle de la pensée nationale. « Nous vous la rapportons avec cette confiance qu'inspire le « sentiment du devoir : car il est dans la nature du gouverne- « ment représentatif de révéler, de consacrer toutes les véri- « tés utiles, d'en faire le domaine public du pays. Puisse cette « franchise être appréciée. Puisse-t-elle vous porter à rendre « à la Chambre ce pouvoir d'opinion, sans lequel une repré- « sentation nationale n'est qu'une fiction!

« La gloire du civilisateur vous est offerte : accomplissez « votre auguste mission parmi nous : réveillez dans tous les « cœurs la grande passion du bien public, et faites que, « lorsque la loi commune vous aura ravi aux affections de ce « peuple intéressant, vous viviez encore dans les souvenirs; « que votre génie règne toujours dans ses conseils, et vous « exercerez une nouvelle influence sur ses destinées! »

Comment le président Boyer a-t-il répondu à cette adresse,

expression vraie d'un peuple qui comprenait tout ce que l'avenir avait d'effrayant pour lui, si de nouvelles institutions ne venaient remplacer les vieilles théories usées de sa constitution et ne mettaient en lambeaux ce manteau de l'absolutisme? Il y a répondu, hélas! par les proscriptions de 1839, par des coups d'État, par les baïonnettes, par la prison et par l'exil.

La session de 1839 offrait quelques garanties au pays; le peuple, lassé d'un joug pesant, avait résolu de voir par lui-même comment se traitaient ses affaires; il y avait toujours grande affluence de monde aux séances de la Chambre. La majorité des députés émettait des idées libérales et marchait, par conséquent, dans le sens du peuple. Cette majorité avait résolu de défendre pied à pied le terrain de la constitution et de faire triompher ses idées. Mais le pouvoir exécutif ne perdait pas de temps de son côté; il épiait l'occasion de faire un coup d'État et travaillait à mettre la majorité dans ses intérêts. A la séance du 4 octobre, le député David Saint-Preux, dans un discours très-chaleureux, avait fait un appel au peuple. Le président Boyer saisit cette circonstance et dit hautement que certains députés voulaient transformer l'opposition en une insurrection, et, gagnant à lui un certain nombre, il obtint l'élimination du sein de la Chambre des principaux chefs de l'opposition : ce furent Hérard Dumerle, David Saint-Preux, Couret, Lartigue et Beaugé.

Tout, dans cette session, avait annoncé le coup d'État; le président en avait fait l'ouverture sans annoncer aucun projet de loi et sans faire à la Chambre le tableau de la situation du pays.

Mais le vase était trop rempli et il allait déborder. On était las de tant de violations du pacte social. Les communications entre les députés et le peuple avaient fini par convaincre celui-ci que l'expression de ses vœux, de ses besoins par ses mandataires ne serait jamais écoutée.

Dès lors une révolution fut jugée indispensable pour faire naître les institutions inutilement réclamées par d'autres voies. Cette idée de révolutionner le pays était dans toutes les têtes; mais comme les gens raisonnables voulaient qu'elle fût toute morale, il fallut un temps considérable pour en pénétrer les masses.

En 1837 et 1838, plusieurs mouvements avaient eu lieu. Au Cap, Isidor entreprit de faire la révolution, mais il échoua. Le général Inginac, alors secrétaire général près le président, reçut sur son habitation, à *Léogane*, un coup de feu qui faillit lui coûter la vie. La Chambre de 1838 fut soupçonnée par le pouvoir d'être complice de l'attentat commis sur la personne du général; mais elle repoussa ce soupçon avec dignité, en faisant publier dans le temps son avis sur cette action réprouvée par tous les honnêtes gens.

Ces différentes attaques à son administration, les plaintes sans cesse réitérées des bons citoyens, l'exposé de la Chambre, en 1838, auraient dû faire comprendre au président Boyer que le pays était travaillé par des idées nouvelles, et qu'une résistance opiniâtre de sa part appellerait définitivement une révolution.

Si le président Boyer avait eu le bon esprit d'accorder les

réformes que réclamait le pays, il se fût conservé le gouvernement jusqu'à sa mort; car alors l'opinion de la majorité éclairée était que, la constitution révisée, l'avenir du pays assuré, il eût pu l'administrer encore le reste de ses jours en profitant de ce temps pour mettre lui-même en pratique les nouvelles théories administratives. Alors on lui eût fait grâce de toutes ses fautes passées; il se fût réconcilié avec le peuple et on l'eût appelé le second père de la patrie. Mais le président Boyer justifiait à notre égard cette triste vérité, que, dès qu'un gouvernement s'est jeté dans les voies de l'arbitraire, il ne peut plus en sortir. Nous pensons, nous, qu'il est bien plus beau de revenir sur ses pas, d'écouter l'opinion éclairée et de marcher avec elle. Savoir reconnaître ses erreurs est peut-être la plus grande des vertus : là, le remède est à côté du mal.

De bons exemples, d'ailleurs, ne manquaient pas au président Boyer; s'il ne voulait pas aller jusqu'en Angleterre pour suivre les traces de George IV, qui se mit lui-même à la tête de la réforme dans son pays, il n'avait qu'à jeter les yeux sur les États-Unis, où il trouvait deux beaux modèles à imiter : Harrisson et Tyler donnaient, dans le moment même, des leçons au gouvernement d'Haïti. Tyler disait en remplaçant son prédécesseur : « Je veux réduire le plus possible mon « pouvoir, afin d'étendre celui du peuple; je veux qu'il y ait « divorce entre la bourse et l'épée; car que ne peut un chef « qui tient en ses mains les deux plus puissants moyens d'as- « servir un peuple! » Et ces paroles se disaient dans le même temps où Boyer s'emparait de tous les pouvoirs; dans le même temps où il bâillonnait la presse, qui faisait des efforts dignes d'admiration pour le ramener vers les principes.

Mais le président Boyer s'était fait l'ennemi irréconciliable de la Chambre et du peuple; il s'était appuyé sur le Sénat pour faire légitimer tous ses actes : et il faut le dire, ce corps qui devait tenir la balance entre le pouvoir exécutif et la Chambre des députés; ce corps qui était dépositaire de la constitution et qui devait en garantir l'exécution au peuple, se prêta trop complaisamment aux désirs du président; il avait réussi, d'ailleurs, à diviser le Sénat d'avec la Chambre. Tel était le système de gouverner du président Boyer. Il divisait les corps entre eux pour annihiler celui qui lui était opposé, et il divisait aussi les citoyens pour mieux les opprimer.

Les choses étaient poussées à un tel point, que les citoyens qui s'occupaient sincèrement de l'avenir du pays ne pouvaient plus impunément se communiquer leurs idées, ni dire ce qu'ils pensaient des actes du gouvernement.

Pourtant les enseignements ne manquaient pas au président Boyer; de toutes parts ils lui arrivaient. Ses amis d'Europe même le conviaient à changer de système d'administration; ils l'engageaient à faire un retour sur lui-même et à entrer franchement dans les voies d'améliorations devenues indispensables à son pays. Mais Boyer était sourd à tous les cris du dedans ou du dehors; il les prenait pour autant d'attaques dirigées contre sa personne et non contre son administration, tant il s'était habitué à se personnifier dans le gouvernement!

Il est presque toujours dangereux d'assumer sur sa tête une trop forte somme de responsabilité.

On va voir bientôt quelles conséquences une telle situation ne manque jamais d'entraîner après elle, lorsque celui qui se l'est faite ne satisfait pas à ses exigences.

CHAPITRE II

SOMMAIRE. — L'opposition trouve un point d'appui à Jérémie. — Les citoyens de cette ville décernent une médaille à Hérard Dumesle, chef de l'opposition à la Chambre.— Destitution des fonctionnaires qui avaient pris part à cette œuvre. — Banquet offert à C. Lartigue, député de Jérémie. — Les citoyens des Cayes fêtent aussi leur député Hérard Dumesle. — Fête de l'anniversaire de l'émancipation des esclaves des colonies anglaises, 1er août 1841.

Les citoyens de Jérémie, chez qui l'intérêt de la patrie a toujours parlé plus haut que tout autre, avaient suivi depuis longtemps les travaux de la Chambre des communes. L'adresse de 1838 leur avait paru contenir réellement tous les vœux et tous les besoins du pays. Ils se décidèrent à encourager de si nobles efforts, en honorant la Chambre de 1839 d'une médaille, dans la personne de son président, le citoyen Hérard Dumesle, dont le patriotisme avait rallié à lui tous les députés amis de la liberté et de la prospérité du pays.

Le projet du vote de la médaille est dû au citoyen Donnattes, qui le communiqua à ses amis. Cette idée fut accueillie avec enthousiasme et exécutée aussitôt. En voici le prospectus :

« On propose de rendre un hommage éclatant aux vertus
« civiques, aux talents distingués, comme au noble caractère
« du citoyen Hérard Dumesle, député de la commune des
« Cayes à la représentation nationale.

« Pour atteindre ce but, les soussignés ont arrêté qu'une « médaille en or devra lui être décernée, ayant pour attribut « les insignes de la Liberté et une devise faisant ressortir un « de ses plus beaux traits.

« En conséquence une souscription est ouverte ; elle est « volontaire. Ceux qui voudront y participer n'auront qu'à « manifester leur intention en payant au porteur la somme « qu'ils jugeront convenable.

« Jérémie, le 5 septembre 1839.

« *Signé :* ROCHER, MONTÈS. »

Ce prospectus fut immédiatement couvert des signatures qui suivent :

W. Phipps, B. Hugon, W. Woël, M. Blanchard, Chassagne fils, Adolphe Petit, F. Donat, Alcide aîné, Martineau fils, H. Dandressol, Rollinval-Rocher, A. Page, J. Villedrouin, E.-L. Paret, F. Brierre, H. Féry, B. Mauclair, D. Drouin, R. Laveau, F. Hippolyte, R. Isaac, Margron, L. Ollivier, Rousseau, Charles Boncy, D. Villedrouin, P. Laraque, Lucas Bossé, J. Rey, E.-E. Lhérisson, Shéridan, F. Armagnac, J. Magloire, X. Dannel, A. Dubrocar, Castaing, P. Lescouflair, Miot cadet, Miot Lanoue, Orlando, Thomas, Simon Jolicœur, Jérôme Fourcaud, Andrisse Eugène, Noël Bras, A.-C. Fouchard, J.-H. Cazeau, A. Laforest, H. Sébastien Laforest, Gérard Degraf, Charles Bonneau, Philipp Bridgman, A. Tabuteau, Gaveau jeune, J.-J. Mathurin, Dugué, F. Balmir, H. François Smith, Ducoudray, B. Défay, D. Syriaque, Martineau père, B. Titus, Lemazier, Mondelice, J. Guillaume, Denys Légitime, T.-B. Smith, J. Caymitte, Montès fils, Gille Déchineau, Charles Marcellin, Ph. Thessier, Lausu Philibert, S.-P.-J. Baptiste, Lehoux, J. Derouillère, Bordes, J. Henri, Lovinski Cazeau, Dumas fils, Augereau Page, J.-M. Dubois, Philémon Bossé, L. Mauclair, Zobois Brisse, N. Paret fils, F.-E. Dubois, D. Laraque, Vileur, B. Chassagne, Sylvain, Sydney Barthol, Dubois Mandé fils, Balmir fils, E. Pradères, A. Mège, Blanc Picard, Gustave Brierre, H. Bouché, A. Fourcaud, Piau, A. Féry, Judes fils, Valmé Lizaire, T. Rocourt, S. Laraque, A. Clérié, Vilaire cadet, Margron fils, B. Lanoue, Vilaire aîné, F. Tabuteau, A. Tabuteau fils, C. Besson, M. Moreau, E. Dupoux, Audry cadet, T. Paret.

Une commission de douze citoyens, pris parmi les souscripteurs, se chargea de rédiger et signer l'adresse qui devait accompagner la médaille. Nous transcrivons avec plaisir cette pièce, remarquable par la dignité de son langage et par l'esprit d'indépendance qu'on y voit :

« Jérémie, le 20 septembre 1839.

« *Au citoyen Hérard Dumesle, membre de la Chambre des*
« *représentants des communes.*

« Citoyen législateur,

« Ceux des habitants de Jérémie qui compatissent aux souf-
« frances du peuple, écrasé sous le poids d'une misère sans
« cesse croissante, et qui gémissent sur les abus sans nombre
« que l'intérêt particulier oppose à la prospérité publique,
« ont dû applaudir aux efforts magnanimes des représentants
« pour éclairer le chef de l'État sur les véritables causes des
« maux qui affligent le pays. Mus par ces sentiments, ils ont

« conçu le projet de payer à votre patriotisme éclairé le « tribut de leur admiration, en vous présentant par les mains « du député de leur commune, et sous les heureux auspices « de la session actuelle du Corps législatif, une médaille qu'ils « viennent de vous décerner.

« Cet hommage de vos concitoyens de Jérémie n'est pas dû « seulement au courage politique dont vous avez souvent fait « preuve à la tribune nationale en défendant les droits et les « intérêts du peuple haïtien, quelque éclatant d'ailleurs que « soit ce mérite ; mais encore, et surtout, au rare désintéres- « sement qui vous a fait préférer une honorable pauvreté à de « honteuses richesses.

« Persévérez, Citoyen législateur, persévérez dans la noble « carrière où, le premier dans nos annales parlementaires, « vous vous êtes franchement élancé ; vous y aurez, vous y « avez déjà des émules dignes de vous et de la cause sacrée « que vous défendez... Qui sait même si bientôt, reconnais- « sant la pureté d'intention qui anime la Chambre, elle n'aura « pas le loyal concours des autres pouvoirs, pour travailler « plus efficacement à la réforme générale des abus qui ont « amené la caducité précoce de nos institutions républi- « caines ? Tels sont les vœux et l'espoir de tous les bons ci- « toyens.

« Pour vous, quoi qu'il arrive, vous, fidèle mandataire du « peuple, défenseur héroïque de ses droits, représentant dé- « voué à ses intérêts, demeurez, vous et vos honorables col- « lègues, inébranlablement attachés aux vrais principes, et « vous aurez bien mérité de la patrie !.....

« Salut, estime et reconnaissance. Au nom des souscrip-
« teurs :

« H. Féry, Villedrouin, Montès, L. Ollivier, J.-B. Mauclair,
« Donat, Fouchard, N. Paret, Chassagne fils, René Isaac,
« Roch. Rocher, R. Rocher. »

Ainsi, cent vingt et un citoyens de Jérémie, fonctionnaires et autres, avaient résolu de faire comprendre au président Boyer que les améliorations réclamées pendant la session de 1838 étaient indispensables au pays; et au risque d'être les victimes de leur dévouement, ils osèrent lever la tête et approuver hautement les efforts des représentants du peuple.

La médaille ainsi que l'adresse furent apportées par un citoyen de Jérémie au citoyen Lartigue, député de la commune, pour en faire remise au citoyen Hérard Dumesle : elle avait pour suscription, d'un côté, ces mots :

« LIBERTÉ, ÉGALITÉ, INDÉPENDANCE, VERTU, »

et le livre de la Constitution ouvert; de l'autre était écrit :

« LES CITOYENS DE JÉRÉMIE A M. H. DUMESLE,
« MEMBRE DE LA CHAMBRE PATRIOTE DES REPRÉSENTANTS,
« POUR SON COURAGEUX DÉVOUEMENT.

« Palma qui meruit ferat, 1839. »

La médaille ne parvint à H. Dumesle qu'après la séance du 4 octobre, pendant laquelle l'expulsion des principaux membres de l'opposition avait eu lieu. Nul doute que si elle fût arrivée avant cette époque, la Chambre eût maintenu sa dignité; soutenue qu'elle était par l'opinion publique, elle ne se fût pas souillée, et n'eût pas consenti à repousser de son sein des députés courageux qui avaient compromis leur existence en défendant la cause du peuple; elle eût compris que, marchant dans son sens, il lui était impossible de reculer devant sa mission, et qu'il eût mieux valu que tous ses membres se fussent retirés, que de consentir à se priver d'un seul d'entre eux, en sacrifiant à la force matérielle l'amour des principes. Mais le pouvoir avait tout mis en œuvre pour faire réussir son projet de faire exclure de la Chambre les députés qui lui faisaient de l'opposition : menaces, promesses, tout fut mis en jeu, et le succès couronna son entreprise, grâce à la faiblesse de la majorité. Le président Boyer resta maître du terrain ; l'ouverture de cette session avait été le prélude de la scène du 4 octobre.

Dès lors tous les bons citoyens virent clairement la tendance du président Boyer vers un despotisme ouvert ; tous les cœurs s'attristèrent et l'avenir fut couvert d'un crêpe funèbre.

Mais le peuple pouvait-il rester insensible à tant de violations de ses droits? Pouvait-il consentir à être ainsi plus longtemps annulé? Non, le peuple haïtien allait reprendre sa souveraineté ; il avait toujours abattu l'absolutisme ; celui du président Boyer, tout raffiné qu'il était, lui ouvrit enfin les yeux.

A peine la nouvelle de l'arrivée de la médaille se fut-elle répandue au Port-au-Prince, que le pouvoir courroucé prononça immédiatement la destitution de tous les fonctionnaires qui y avaient pris part.

C'était être bien osé, il faut en convenir, que d'affronter ainsi l'homme qui avait tout soumis à sa volonté ! Toute la république était soumise à son pouvoir; Jérémie seule levait la tête devant lui.

On voyait bien là l'homme de qui Pétion disait : « Malheu-« reusement, il est trop pétulant, trop prévenu en sa faveur « pour savoir se concilier ceux dont il aurait besoin pour « l'assister ; car en tout il veut dominer : c'est son esprit, « c'est son caractère, il ne s'en départira jamais, et s'il était « appelé à me remplacer, il pourrait faire le malheur du pays « en ne changeant pas[1]. »

Une commission composée de fonctionnaires civils et militaires eut ordre de se rendre à Jérémie pour pourvoir au remplacement des employés destitués. Il était difficile à la commission de remplir sa tâche, puisqu'il lui manquait des documents; la liste des souscripteurs n'était pas encore publiée au moment de son départ. Elle était donc embarrassée pour prononcer la destitution des employés du trésor où elle commença ses opérations. Mais le citoyen Féry, trésorier, comprenant sa position, lui offrit de lui remettre l'original même de la liste, afin qu'elle pût agir en connaissance de cause. Les membres acceptèrent avec plaisir cette pièce, qui leur était indispensable comme corps du délit.

C'était le 7 novembre au matin que les commissaires prenaient possession du trésor et s'en faisaient rendre compte par le trésorier. Onze heures sonnèrent et les opérations n'étaient pas achevées; les membres de la commission durent revenir dans l'après-midi pour ne pas perdre de temps. Mais

[1] *Mémoires du général Inginac*, p. 33.

le citoyen Féry les pria de vouloir bien renvoyer la continuation des opérations au lendemain, vu, disait-il, que l'heure d'assister au banquet offert au député de la commune, le citoyen Lartigue, était arrivée. MM. les commissaires furent frappés de tant de résignation : on put lire sur leurs visages le regret qu'ils éprouvaient de voir tant de citoyens honorables manquer tout à coup aux affaires publiques.

Ainsi le président Boyer torturait les consciences ; il façonnait les citoyens à la servitude, en faisant destituer des fonctionnaires par d'autres fonctionnaires ; c'était apprendre à tous qu'il était maître de leur sort ; que leur existence était entre ses mains et qu'il pouvait les plonger dans la misère, eux et leurs familles, en leur arrachant des positions acquises au prix de longs services ou de pénibles travaux. Mais les fonctionnaires qui avaient souscrit pour la médaille avaient trop le sentiment de leur dignité pour ne pas préférer d'être en proie à la misère plutôt que de renoncer à la gloire dont ils venaient de se couvrir. Environ quarante destitutions eurent lieu, tant dans l'ordre civil que dans l'ordre militaire ; les arpenteurs seuls ne furent pas déplacés.

Voici la relation de la fête :

Procès-verbal du banquet donné au député de la commune de Jérémie à la représentation nationale.

« Sur la proposition d'un des souscripteurs de la médaille décernée au citoyen Hérard Dumesle, il fut résolu, le 4 novembre, qu'il serait donné le 7 courant un banquet en l'honneur du citoyen Lartigue, député constitutionnel de la commune de Jérémie.

« Un programme a été aussitôt arrêté par les citoyens J.-B. Mauclair, René Isaac, Fouchard, F. Brierre, Montès, Castaing et Lhérisson, nommés commissaires du banquet.

« Le 7, à onze heures du matin, l'assemblée était réunie au nombre de plus de cent personnes, outre beaucoup de dames qui, ayant brigué l'honneur exclusif de servir au banquet, avaient obtenu de leurs maris ou parents de les y mener.

« Là le citoyen Honoré Féry a été proclamé président à l'unanimité, et le citoyen J.-B. Mauclair vice-président, également à l'unanimité.

« Ils expriment par de vifs sentiments leur reconnaissance et pour l'honneur qui leur était fait, et pour les témoignages d'estime et d'affection qui l'accompagnaient. Ils promettent de faire tous leurs efforts pour s'en rendre dignes.

« Le président ordonne qu'une députation de huit membres ira chercher et accompagner le représentant Lartigue.

« Vingt minutes sont à peine écoulées, que son retour est annoncé. Le citoyen Lartigue est introduit et salué par des acclamations et des battements de mains très-prolongés.

« Les maîtres des cérémonies, sur l'ordre du président, placent chacun aux couverts sur lesquels les noms étaient inscrits d'avance.

« Le président se lève et adresse au député Lartigue l'allocution suivante :

« Citoyen Lartigue,

« Les cent vingt et un citoyens de Jérémie, moins un, ceux-« là même qui ont osé, tout en rendant hommage à la Chambre « d'alors, décerner une médaille à l'honorable Hérard Du-« mesle pour son patriotisme éclairé et son courageux dévoue-« ment à la patrie, vous devaient, à vous aussi, leur député « constitutionnel, un témoignage éclatant de leur satisfaction « pour être resté fermement attaché aux principes et fidèle au « mandat qui vous fut confié.

« Tel est l'objet du banquet qui nous réunit aujourd'hui. « Chargé de vous féliciter au nom de tous, il m'est doux plus « qu'il le serait à tout autre, moi qui vous fus contraire dans « le temps, de vous exprimer que votre conduite parlemen-« taire a justifié l'attente de vos commettants, et que vous « avez partagé une gloire immortelle, en refusant dans les « circonstances déplorables qui ont eu lieu de souscrire à ce « que réprouvait votre conscience.

« Mais que prétendait-on lorsqu'on vous proscrivait? Que « cette excommunication politique vous ferait refuser partout « l'eau et le feu? L'on s'est trompé. Ne savait-on pas que les « électeurs étaient là, et qu'ils ouvriraient à leur élu leur « vaste giron!...

« Jetez-vous-y avec confiance, citoyen Lartigue, vous avez « mérité que nous vous tendissions les bras. En vain la calom-« nie a parlé, en vain la violence a exercé son odieux em-« pire, jamais la calomnie ni la violence n'ont imprimé de « flétrissure à l'honneur!... Votre front en est lavé!... »

« A ces dernières paroles, la salle retentit d'applaudissements ; au milieu de cet élan d'enthousiasme et de joie, les dames s'avancent précédées de la jeune Isabelle Davis ; elle pose sur la tête du député une couronne de feuillage verdoyant orné de fleurs, tandis que d'autres dames attachaient des bouquets aux habits des employés qui venaient d'être frappés de destitution la veille et le matin de ce jour.

« La scène devient touchante, et les figures de ceux qui sont l'objet de cette marque d'intérêt peignent la plus vive émotion.

« C'est sous l'influence visible de ce sentiment que le citoyen Lartigue prononce le discours suivant :

« Mes chers et honorables Concitoyens,

« L'hommage vraiment patriotique dont vous me donnez « aujourd'hui l'éclatant témoignage comble mon cœur de la « plus vive satisfaction ; je n'attendais rien moins des amis « de l'ordre et de la prospérité du pays.

« Comme votre organe à la représentation nationale, mes « regards ont toujours été religieusement attachés, tant sur « notre contrat d'association politique que sur les maux infi- « nis qui dévorent notre malheureuse patrie, et dont le résul- « tat nous est si funeste. Toute ma sollicitude ne tendait qu'à « les indiquer de bonne foi, afin d'y appliquer un remède effi- « cace et atteindre les prévisions de l'avenir.

« L'humanité, l'honneur, une conscience pure, m'ont tou- « jours guidé dans l'exercice de mes fonctions, et m'ont en

« même temps garanti des embûches de la corruption aux-« quelles j'ai été souvent en butte. Qu'il me soit donc permis « de m'enorgueillir d'avoir sans hésitation préféré la gloire de « la proscription, plutôt que de compromettre un seul de « vos droits. Recevez, mes chers et estimables Concitoyens, « toute ma gratitude, et quoi que proclame la plus perfide ca-« lomnie, fiez-vous à la promesse sacrée, que je renouvelle en « ce jour solennel, de demeurer toujours constant dans mon « dévouement à la patrie. »

« D'unanimes applaudissements témoignent au député l'impression que ses paroles ont produite sur tous les cœurs.

« Le président invite l'assemblée à se rasseoir, et le repas a lieu avec une gaieté franche et pure, que donne la bonne conscience, en dépit de tout ce qui a été fait pour l'incriminer.

« Après un certain intervalle, le citoyen F. Brierre obtient la parole, fait une inclination de tête au citoyen Lartigue, et s'exprime en ces termes :

« Le malheur n'avilit que les cœurs sans courage.

« Mon digne Député,

« J'ai le cœur navré de douleur par mes malheurs domes-« tiques. Vous venez de recevoir un outrage qui n'a fait qu'ag-« graver mes peines, et cependant me voici en fête, fête que « j'ai moi-même proposée en votre honneur.

« Socrate, Aristide le Juste, Camille, Caton, Bélisaire et en-« fin tant d'autres grands hommes qui ont laissé de si grandes « vertus à imiter, n'ont pas été à l'abri de la persécution;

« ainsi, semblable à ces vertueux citoyens, que l'injustice et la « calomnie, loin d'affaiblir vos sentiments patriotiques, vous « donnent un nouveau courage lorsqu'il s'agira de défendre « les droits de vos concitoyens.

« La conscience de vos détracteurs (s'ils en ont une) vous « vengera de leurs perfides calomnies.

« Comment a-t-on pu oublier cette sage maxime : On n'est « aimé qu'autant qu'on est juste ! »

« On applaudit, de la manière la plus cordiale, à ce noble et énergique discours.

« Ici le président avertit que tout est grave dans la circonstance ; que les santés qui seront proposées seront bues à l'eau, et donnant aussitôt le signal, la santé du citoyen Lartigue, héros de la fête, est portée par lui aux acclamations de tous les assistants.

« Puis les toasts suivants ont été successivement portés :

« *Le citoyen Mandé Dubois :* A la prospérité de la Répu- « blique ! (Grands applaudissements.)

« *Le citoyen J.-B. Mauclair, vice-président :* A la régéné- « ration de notre ordre social ! (Applaudissements prolongés.)

« *Le citoyen F. Brierre :* Aux députés proscrits ! (Applau- « dissements prolongés.)

« *Le citoyen Montès :* A l'illustre citoyen Hérard Dumesle, « représentant de la commune des Cayes ! (Applaudissements « prolongés.)

« *Le citoyen J. Villedrouin :* A la Constitution ! Soyons « inviolablement attachés à ce pacte sacré et aux lois qui ré- « gissent notre pays. Que nos enfants apprennent de nous

« qu'ils leur doivent un respect religieux et qu'ils sachent « aussi que ni or, ni titre, ni dignité, rien ne doit faire de vils « esclaves, d'hommes libres et indépendants que nous sommes! « (Applaudissements prolongés.)

« *Le citoyen Hugon* : A la liberté des opinions ! (Bravos « répétés.)

« *Le citoyen F.-E. Dubois :* Aux destitués actuels et ceux à « venir ! Que l'imperturbabilité de ces derniers soit la même « que celle des premiers ! (Applaudissements prolongés.)

« *Le représentant Lartigue :* Au progrès des lumières et « de la civilisation ! (Applaudissements prolongés.)

« *Le citoyen Rey :* Aux pères de famille ! Qu'ils seraient « heureux si les vœux qu'ils forment pour l'amélioration de « leur état social eussent été conçus dans la pureté d'inten- « tion qui les dicta. Les besoins du présent, la crainte de l'ave- « nir, rien ne doit sortir de notre bouche sans qu'une des- « titution en soit le prix. Toutefois elle honore, quand elle « porte sur des hommes de bien. (Grands applaudissements.)

« *Le citoyen Léo Paret :* Aux dames qui nous honorent de « leur présence dans cette enceinte ! Les hommes doivent se « sentir doublement hommes, lorsque des femmes montrent « un patriotisme aussi viril. (Applaudissements réitérés.)

« *Le citoyen Philibert Laraque :* A la liberté et à l'indé- « pendance individuelle ! Que ces sentiments règnent à jamais « dans nos cœurs ! (Applaudissements.)

« *Le citoyen Rochemont-Rocher :* A la mémoire du grand « Pétion, aussi grand qu'il fut bon. Il ne fit jamais couler les « larmes de personne, et voulait que chaque Haïtien, la Cons-

« titution à la main, sût ce qu'il doit et ce qu'il peut! (Ap-
« plaudissements prolongés.)

« *Le citoyen René Isaac :* A la Constitution ! Qu'elle soit
« pour l'Haïtien ce que l'Évangile est pour le chrétien ! (Ap-
« plaudissements prolongés et bravos répétés.)

« *Le citoyen Judes fils:* A la mémoire d'Ogé et de Cha-
« vanes, ces premiers martyrs de la liberté ! (Applaudisse-
« ments prolongés.)

« *Le citoyen Donat:* Au président du banquet, connu par
« ses vertus morales et civiques, et à sa respectable famille !
« (Applaudissements prolongés.)

« *Le citoyen J.-J. Mathurin :* A l'union des Haïtiens !
« C'est maintenant que je la crois à jamais indissoluble. (Bra-
« vos et applaudissements prolongés.)

« *Le citoyen Alain Clerié:* A la mémoire du grand Pétion!
« (Applaudissements prolongés.)

« *Le citoyen Dolcé-Villedrouin :* A l'inviolabilité de la li-
« berté individuelle, à l'indépendance nationale ! Puissions-
« nous toujours, mus par ces sentiments généreux, les trans-
« mettre purs et intacts à nos enfants, dont ils doivent assurer
« le bonheur! (Applaudissements.)

« *Le citoyen Lucas Bossé :* A l'amélioration prochaine de
« la condition malheureuse du peuple, opérée par la réforme
« paisible des erreurs et des abus introduits dans la législation
« nationale et l'administration publique[1] ! (Bravos et applau-
« dissements.)

[1] Ce toast est de M. Smith qui, ne pouvant pas venir au banquet, pria M. Lucas Bossé de le porter pour lui.

« *Le citoyen Gilles-Déchineau :* A la mémoire d'Alexandre « Pétion ! Que n'est-il encore parmi nous ! (Applaudissements « très-inextinguibles.)

« *Le citoyen Fouchard :* A la Constitution ! Que, dans toutes « les circonstances, nous soyons réunis autour d'elle, comme « jadis les Israélites le furent autour de l'arche sainte ! (Ap- « plaudissements très-prolongés.)

« *Le citoyen Margron fils :* Aux mânes de tous les guerriers « qui ont versé leur sang pour la cause de la République ! « Puisse leur souvenir être à jamais buriné dans nos cœurs, « et qu'il soit le foyer du patriotisme où tous nos enfants « viendront puiser ces sentiments qui nous animent si forte- « ment en ce jour ! (Grands applaudissements.)

« *Le citoyen Féry fils*, au nom de l'école de la Gaîté : A nos « pères et à nos aînés ! En apprenant d'eux à manier nos li- « bertés, l'usage n'en pourra être dangereux, ni pour eux, « ni pour nous ! (Applaudissements.)

« *Le citoyen Aderbal Page :* A notre constante union ! « Elle fera notre force pour repousser l'arbitraire et ré- « clamer hautement l'exercice de nos droits. (Applaudisse- « ments.)

« *Le citoyen Wilson Philipps :* Aux députés H. Dumesle, « David Saint-Preux, Beaugé, Lartigue, Couret et Lochard « (Applaudissements.)

« *Le citoyen Thomas :* A tous ceux qui observent la Cons- « titution ! (Applaudissements.)

« *Le citoyen E.-E. Lhérisson :* A tous les peuples libres. « — Aux philanthropes éclairés qui disputent leurs droits. —

« A tous ceux qui, par leur stoïcisme, prêtent à la Constitution « un appui libéral! (Applaudissements.)

« *Le citoyen Numa Paret :* Au bonheur de tous les hommes, « moins les tyrans! (Applaudissements.)

« *Le citoyen Alcide aîné :* A la vérité! Puisse-t-elle con- « fondre ceux qui la méconnaissent! (Applaudissements.)

« *Le citoyen Margron père :* Aux hommes à caractère! « Que la dernière goutte de leur sang coule sans qu'ils re- « noncent jamais à la liberté de leur opinion! (Applaudisse- « ments.)

« *Le citoyen Martineau fils :* A l'union des patriotes et au « triomphe de la vérité! (Applaudissements.)

« *Le citoyen Welson Well :* A la mémoire de nos devan- « ciers, qui, par leur généreux amour pour la liberté, nous ont « légué cette terre fertile, où il ne manque que la stricte « observance des institutions, pour que nous jouissions du « bonheur dont les hommes indépendants sont seuls dignes! « (Applaudissements.) »

« Le président, conformément à une des dispositions du programme, désigne le citoyen Donat pour chanter l'hymne patriotique de Dupré (*Soleil Dieu*, etc.).

« Il est entonné avec une expression qui remue l'âme et ajoute à la beauté des paroles. Tous les assistants répètent en chœur les refrains, puis le président dit que la séance est levée.

« Aussitôt on se range en file, et, se donnant le bras deux à deux, on reconduit en pompe le député de la commune chez lui. Le même honneur est accordé au président et au vice-président du banquet.

« Ainsi s'est terminée cette fête, qui a laissé dans tous les cœurs la satisfaction que donne l'accomplissement d'un devoir et que même les hommes d'une opinion contraire n'ont pu s'empêcher d'admirer. »

Vit-on jamais un acte d'indépendance plus raisonné, plus réfléchi que celui dont firent preuve les citoyens de Jérémie dans cette grande solennité? Les femmes même voulurent y prendre part : elles résolurent, à partir de ce jour, de partager tous les périls de leurs époux ou de leurs frères. Honneur à vous, Mesdames! Votre conduite, depuis ce moment, est digne d'admiration; vous avez puissamment secondé les efforts qu'a faits l'opposition pour arriver à améliorer la condition du pays; vous avez souffert avec nous; vous avez partagé nos moments de détresse, et votre héroïsme vous a conduites à l'immortalité.

A peu près dans le même temps que les citoyens de Jérémie célébraient ainsi la conduite de leur député, le citoyen Hérard Dumesle, député de la commune des Cayes, recevait aussi le témoignage de la reconnaissance de ses concitoyens; mais il fut remarqué que, dans une ville qui avait toujours été considérée comme le foyer du patriotisme, il ne se trouva qu'une douzaine de citoyens au banquet donné au citoyen Hérard Dumesle.

Les fonctionnaires de la ville des Cayes furent destitués comme ceux de Jérémie. Ainsi, boire et manger avec un député qui avait fait de l'opposition à la Chambre était un crime tel aux yeux du président Boyer, qu'il privait de pain ceux qui avaient osé en trouver pour le partager avec les amis de la liberté. Étrange aberration de l'esprit humain! C'était par de tels moyens que le président pensait se concilier l'esprit de ses concitoyens! Toutefois, ses coups avaient porté à faux; tous ceux qu'il avait frappés étaient des hommes à caractère, aimant leur pays; ils pouvaient tout supporter, quant à leurs personnes; mais l'avenir, mais leurs familles, mais le despotisme qu'ils croyaient à jamais extirpé du pays, tout cela les effrayait, et, comparant le passé avec le présent, ils comprirent qu'il fallait en finir avec cette administration. On verra, plus loin, comment s'organisa la révolution.

Pourquoi sommes-nous obligés, ici, de parler de quelques rétractations, survenues à l'occasion du vote de la médaille? Nous aimerions mieux avoir à parler toujours de cette masse compacte qui faisait la terreur du despotisme et ne pas lui donner le plaisir d'obtenir une seule marque de repentir. Mais on avait tant fait pour avoir ces demandes en réintégration, que l'importunité ou la déférence avait réussi à en arracher quelques-unes.

Vers cette époque parut un écrit du citoyen H. Féry, écrit dans lequel le système des destitutions fut mis à nu, et qui était bien propre à faire rentrer le président en lui-même. Cet écrit ne fut pas signé par son auteur, à la sollicitation de ses amis, parce qu'il était vraiment à craindre alors que des poursuites rigoureuses et même l'exil n'en fussent la conséquence, et Jérémie aurait eu peut-être à déplorer la perte d'un citoyen qui a rendu d'éminents services à la révolution en y consacrant sa fortune et ses veilles depuis plusieurs années.

Les rétractations avaient fait un plaisir infini au président Boyer. Il croyait avoir divisé les membres de l'opposition à Jérémie, en rendant publiques les lettres de soumission, parce que la plupart de ces lettres faisaient mention des noms des principaux auteurs de la médaille. Il n'en fut rien. Convaincue, comme on le disait alors, que c'étaient en général des capitulations par famine, l'opposition n'en voulut pas à ceux-là ; ils firent presque tous partie des banquets qui eurent lieu en vue de rallier l'opposition et d'entretenir le feu sacré de l'amour de la patrie.

Les citoyens de Jérémie, résolus d'opposer toujours la force de l'opinion aux débordements du pouvoir, ne laissèrent point échapper la plus petite occasion de lui prouver qu'ils étaient constamment debout, et qu'ils sacrifiaient tout à la liberté. En effet, ces hommes généreux prirent avec eux-mêmes l'engagement de se rayer de la liste des citoyens aptes à occuper les fonctions publiques, puisque faire de l'opposition c'était renoncer à tout emploi ; c'était, pour ainsi dire, abdiquer sa qualité de citoyen. Eh ! quand on apprend que la majeure partie de ces hommes étaient des pères de famille pauvres ; que leur cité n'offrait pas une grande perspective de bonheur, et que les fonctions publiques ne devaient pas leur être indifférentes, l'on ne peut s'empêcher d'admirer leur stoïcisme.

Le premier août 1841, anniversaire de l'émancipation des esclaves des colonies anglaises, fournit à nos indépendants l'occasion de se réunir et de célébrer les vertus publiques.

A ce banquet, plusieurs citoyens respectables de la campagne avaient assisté; ils goûtèrent si bien le motif et le but de nos réunions, qu'ils résolurent de marcher avec nous. Dès lors les idées de progrès se propagèrent et gagnèrent les champs. Les habitants purent se convaincre que l'opposition ne voulait que le bonheur de tous; et, non-seulement ils prirent part à nos réunions de ville, mais ils voulurent encore nous prouver que la civilisation avait fait un pas chez eux : Numéro 2, quartier situé à deux lieues de Jérémie, vit inaugurer dans ses plaines une opposition rationnelle.

Comme l'on voit, les idées de progrès et d'amélioration étaient devenues propres à tout le monde. La politique, qu'on disait ne devoir occuper que les hommes du gouvernement, était ainsi mise à la portée des hommes illettrés. Chacun cherchait à savoir le motif du dépérissement du pays, et à force de se communiquer, de demander, on arrivait à la vérité. Ainsi les secrets du gouvernement n'étaient plus des secrets pour le peuple; ses actes étaient jugés et condamnés s'ils étaient mauvais. Quand un gouvernement en est là, s'il ne veut pas marcher franchement avec l'esprit public, il faut nécessairement qu'il succombe; car aucune puissance ne peut arrêter la marche d'un peuple. Le mieux qu'ait à faire dans ce cas un chef de gouvernement, s'il ne lui convient pas de se mettre à la tête du mouvement pour le régler, est de se démettre du pouvoir. Alors le peuple, reprenant sa souveraineté, fait arriver ses vœux au nouveau gouvernement sans avoir besoin de faire une révolution : la seule force de l'opinion aura tout fait.

CHAPITRE III

SOMMAIRE.— Renouvellement des membres de la Chambre.— Les députés éliminés sont réélus, et avec eux beaucoup d'autres libéraux. — Le pouvoir exécutif s'en émeut, et fait une adresse au Sénat à cette occasion ; la Chambre se réunit ; vingt-deux députés se présentent pour prendre leurs places ; l'entrée leur en est refusée ; ils se retirent et protestent contre cet attentat à leur inviolabilité. — La ville de Jérémie célèbre l'anniversaire de la naissance de Pétion, et, à cette occasion, manifeste ses sentiments de mécontentement contre l'administration du président Boyer.

Le gouvernement du président Boyer était stationnaire ; il ne concédait rien à l'opposition, il la refoulait au contraire sur elle-même et semblait vouloir l'anéantir ; et pour arrêter définitivement sa marche, une nuée d'espions fut organisée.

Ces êtres, que la société repoussait de toute part, trouvaient toujours le moyen de pénétrer partout, jusque dans les réduits les plus reculés, et rapportaient au pouvoir un soupir échappé à un malheureux, victime des persécutions de ses agents, qui aurait proféré une plainte sur l'état des choses. Et ces rapports, vrais ou faux, décidaient du sort de ceux qui en étaient les objets !

Triste époque, qui rappelle celle où nos maîtres étouffaient en nous jusqu'à la pensée.

Cependant le peuple marchait, l'opinion se formait ; elle grandissait et gagnait du terrain. Le renouvellement de la

Chambre allait avoir lieu bientôt et les élections décider du sort du pays.

La commune de Jérémie, ayant payé son tribut de reconnaissance à son député, avait désiré être représentée cette fois par le citoyen Féry, dont les capacités dans les finances et dans la législation pouvaient être d'un grand secours à la nouvelle Chambre; mais ce citoyen refusa cet honneur, disant qu'il était bon de donner une leçon au pouvoir, en lui renvoyant le député qu'il avait fait éliminer, et il détermina ainsi la réélection du député Lartigue.

Comme si on se fût entendu, février 1842 vit sortir de l'urne électorale des députés dont la majorité était connue du pouvoir pour professer des opinions libérales; ces élections l'épouvantèrent; car, non-seulement les députés éliminés furent réélus, mais on vit les communes faire de très-bons choix partout ailleurs. Le pouvoir s'empressa de convoquer extraordinairement le Sénat, pour savoir de lui si les députés éliminés par la législature précédente pouvaient être reçus à la Chambre. Il lui parla en ces termes :

Port-au-Prince, le 15 mars 1842.

« Citoyens Sénateurs,

« Des intrigues ourdies dans la pensée comme dans le but « de renverser l'ordre de choses établi ont fait sortir de « l'urne électorale les noms de quelques hommes déjà trop « connus par leurs projets subversifs, et que la cinquième « législature avait éliminés de son sein, pour avoir osé

« attenter au maintien de nos institutions fondamentales.

« La résolution de la Chambre des représentants des com-« munes ayant reçu la sanction du Sénat par son message « du 9 octobre 1839, dans lequel il me manifeste sa satisfac-« tion de cette haute mesure qui rétablissait une heureuse « harmonie entre les trois grands pouvoirs constitutionnels; « les corps civils et militaires de l'État m'ayant, dans leurs « adresses, exprimé le même sentiment que tous les bons « citoyens ont partagé, serait-il permis de voir dans la réélec-« tion de ces mêmes hommes autre chose qu'un acte d'hos-« tilité contre le vœu national?

« Personne plus que moi ne respecte l'indépendance des « assemblées électorales; mais il s'agit ici de savoir si le vote « partiel d'un petit nombre d'électeurs est capable de dé-« truire l'effet du vote solennel de la majorité de la Chambre « des communes; et si des hommes qu'elle a éliminés, il y a « trois ans, à cause de leurs coupables tentatives, pourront de « nouveau siéger au sein de la représentation nationale qu'ils « ont profanée, et en présence des autres pouvoirs qu'ils ont « voulu anéantir; enfin il s'agit de savoir quelle devra être la « marche à suivre par le Sénat et par le président d'Haïti, dans « le cas où la nouvelle Chambre des représentants des com-« munes déclarerait valide l'élection des hommes dont il est « parlé plus haut.

« Citoyens Sénateurs, désirant toujours m'environner de « vos lumières et de votre patriotisme, je viens, par le pré-« sent message, demander l'opinion du Sénat sur ces graves « questions.

« J'ai l'honneur de saluer le Sénat avec la plus haute con-
« sidération,

« *Signé :* Boyer. »

Le président s'était placé d'avance en dehors du contrat social, en préparant le plus grand, mais le dernier de ses coups d'État. Il parlait du respect qu'il portait à l'indépendance des assemblées électorales, et il ne respectait pas leurs élus : donc l'indépendance qu'il accordait aux assemblées communales n'était qu'une fiction.

Le Sénat répondit au pouvoir exécutif qu'il s'en rapportait à lui pour tout ce qui concernait l'exécution de la question, et lui mettait en main un pouvoir absolu dont il ferait usage dans sa sagesse.

Cette conduite de la part du président prouve combien il redoutait déjà la présence des députés qu'il avait désignés au Sénat, et son intention formelle de s'opposer au vœu de la nation, en lui renvoyant des députés qu'elle avait choisis ; car, malgré les efforts de l'autorité pour empêcher les députés éliminés d'être réélus, ils le furent presque tous. Cette manifestation de l'opinion, cette persistance des électeurs à renvoyer à la Chambre les députés que le pouvoir en faisait expulser, devaient lui faire comprendre que ce n'était plus l'œuvre d'une poignée de factieux, comme il le disait toujours, mais bien le désir de la nation elle-même de voir les choses organisées sur des bases différentes.

Mais l'erreur du président Boyer était telle, qu'il ne put

pas comprendre ce que le peuple voulait dire par les élections de 1842 ; et il commit la plus grande hérésie politique qu'on puisse voir, en persistant à faire exclure de la Chambre des communes les représentants de tant d'intérêts divers : à cette session, vingt-deux communes ne furent pas représentées.

Il n'entre point dans le plan de cet ouvrage de passer en revue tout ce qu'il y eut de regrettable dans cette session ; une histoire plus détaillée le fera. Il nous suffira de dire qu'elle s'ouvrit sous les plus fâcheux auspices ; une forte garde, ayant les armes chargées, eut mission de veiller à la porte de la Chambre ; les députés qui consentirent à signer une protestation rédigée par quelques autres contre les députés éliminés précédemment eurent seuls l'entrée libre. Ceux qui ne voulurent pas se déshonorer ainsi se retirèrent dans la demeure du député Alcius Ponthieux, où ils rédigèrent une protestation : plusieurs furent ainsi faites pendant cette session, où tour à tour les droits du peuple avaient été violés et défendus. La force et la ruse avaient encore réussi ; le pouvoir restait maître de la Chambre. Mais cette fois l'exclusion ne portait plus sur cinq députés comme en 1839 ; vingt-deux communes, ainsi que nous l'avons déjà dit, furent privées de représentants.

Les choses pouvaient-elles rester dans cette situation ? le peuple haïtien était-il dégradé au point de souffrir un acte aussi inique sans en demander compte ? Telles étaient les questions que se faisaient tous ceux qui arrêtaient leurs regards sur ce qui se passait alors.

Déjà la dictature dont le Sénat venait de revêtir le président

Boyer, en le rendant l'arbitre des destinées du peuple, annonçait au pays que de grands événements allaient s'accomplir ; le pouvoir illimité dont il avait fait usage jusqu'alors, légitimé tout à coup par le corps qui était placé tout juste pour arrêter ses empiétements, jeta le peuple dans la consternation ; il vit que ses fers allaient être rivés pour toujours.

Les citoyens de Jérémie n'attendaient que l'occasion de prouver qu'ils ne tenaient pas grand compte de tout ce qui se faisait, et qu'ils opposaient toujours une digue aux débordements du pouvoir. Le 2 avril 1842 arrivant, l'anniversaire de la naissance d'Alexandre Pétion leur permit de chanter les vertus du grand homme, et de faire des comparaisons d'autant plus justes, que les torts de son successeur contrastaient singulièrement avec ses belles qualités.

Ce jour, un brillant banquet eut lieu chez le citoyen Lhérisson. La réunion fut nombreuse, et les patriotes, sans s'inquiéter beaucoup du dictateur, mangeaient et buvaient à la mémoire de Pétion. Nous regrettons que le procès-verbal de ce banquet n'ait pas été dressé dans le temps, ce qui nous empêche de le retracer tout entier. Mais il se termina, comme d'ordinaire, avec tout le calme et toute la décence qui ont toujours fait le charme de ces réunions. Grand nombre de toasts y furent portés, tous empreints de cet esprit d'indépendance dont les citoyens de Jérémie ont toujours fait preuve dans les circonstances les plus graves.

Le soir, une brillante illumination eut lieu ; toute la ville était sur pied : les rues étaient devenues de belles promenades. Une grande diversité dans la manière de disposer les lumières formait un coup d'œil magnifique. Mais ce qui attirait surtout les regards, et obligeait les passants à s'arrêter comme par une force enchanteresse, ce fut l'apothéose de Pétion, faite et exposée par le citoyen Rochemont Rocher. Rien n'était plus admirable que cette pièce : on y voyait le buste de Pétion, monté sur une colonne soutenue par un piédestal, ayant dessus cette inscription :

AUX MANES D'ALEXANDRE PÉTION.

Au-dessus de sa tête étaient deux anges tenant suspendue une couronne verdoyante, autour de laquelle était écrit :

PÈRE DE LA PATRIE.

et au-dessous étaient onze étoiles, marquant les onze années de son administration. Dans le fond de l'autel était la Renommée proclamant les belles actions du père de la patrie. Deux colonnes étaient placées en avant, supportant l'inscription des vertus du grand homme ; l'une disait ses vertus privées et publiques, l'autre ses vertus guerrières et politiques. Au moment où, le voile tombant, l'image du grand citoyen apparut, le peuple fit entendre ses acclamations ; la musique exécuta ses airs de fête, et douze jeunes filles vêtues de blanc s'avancèrent à un signal donné, et attachèrent douze tablettes aux colonnes ; sur ces tablettes étaient écrits les actes de sa vie.

1re colonne.

VERTUS CIVIQUES ET PRIVÉES :

—

SA CLÉMENCE,

SON DÉSINTÉRESSEMENT,

SON HUMANITÉ,

SA SIMPLICITÉ,

SA JUSTICE,

SA CHARITÉ ENVERS LES PAUVRES.

LIBERTÉ :

IL L'AFFERMIT PAR SES INSTITUTIONS.

2e colonne.

VERTUS GUERRIÈRES ET POLITIQUES :

—

SON HÉROISME
(prise d'armes contre les Français au Cap).

SA BRAVOURE RÉFLÉCHIE
(siége de Jacmel).

SA PRUDENCE ET SON HABILETÉ
(scission du Sud terminée ; siége du Port-au-Prince levé).

SA SAGESSE POLITIQUE A L'INTÉRIEUR
(concession de terres ; union des cœurs, fusion des intérêts haïtiens).

SA FERMETÉ, SA HAUTE SAGESSE POLITIQUE A L'EXTÉRIEUR
(négociations avec la France ; liaisons avec l'Angleterre ; ordre au conseil de S. M. Britannique ; commerce anglais accueilli et favorisé).

SA SOLLICITUDE POUR L'INSTRUCTION PUBLIQUE
(lycée national).

INDÉPENDANCE
(il l'a consolidée par sa sagesse).

A minuit, les douze jeunes filles se présentèrent devant le buste de Pétion, et l'enlevèrent en chantant l'hymne :

O mes amis, il faut nous séparer, etc.

Cette cérémonie laissa une profonde impression dans tous les cœurs ; les assistants furent émus jusqu'aux larmes. L'équipage du navire français *l'Africain*, qui avait assisté à cette fête populaire, s'offrit à aider les assistants à enlever la représentation.

Comme on le voit, l'opposition marchait à pas assurés vers son but; elle était organisée à Jérémie, et loin qu'un esprit de démagogie vînt jamais porter le moindre trouble dans ses opérations, tout se faisait avec cet ordre qui appartient aux grandes manifestations.

L'opposition s'était aussi infiltrée dans les masses; partout les idées d'ordre et de progrès s'agitaient, le peuple demandait la démocratie et la voulait, malgré la force qui lui était toujours opposée. Il est vrai que jusqu'alors il n'avait fait que demander, et on lui refusait toujours; mais quand vint le moment de se ressaisir de son droit, force fut de reconnaître sa souveraineté, et ce moment était arrivé. La misère du peuple augmentait à vue d'œil, tant par la diminution du prix des produits indigènes, que par la hausse des marchandises étrangères, occasionnée par le retrait des billets de dix gourdes à cinquante gourdes le doublon; et bien que ces billets se trouvassent entre les mains du haut commerce, il ne manqua pas de réparer ses pertes sur les consommateurs, en augmentant immédiatement le prix de ses marchandises. La rentrée de tous les billets de caisse en général, aux mêmes conditions, devait ruiner le peuple tout à coup; cependant c'était le projet du gouvernement, et le peuple ne l'ignorait pas. Le malaise croissait considérablement.

L'annonce de l'ouverture des ports de la Jamaïque au commerce haïtien donna aux patriotes de Jérémie une nouvelle occasion d'exprimer leurs vœux pour la réforme. Le 20 octobre 1842, ils célébrèrent cette nouvelle par un brillant repas chez le citoyen Numa Paret.

C'était donc une chose arrêtée à Jérémie, que l'opposition devait suivre la voie qu'elle s'était tracée jusqu'à la fin; rien ne pouvait s'opposer à sa marche; elle surmontait tous les obstacles, car la vérité était de son côté.

L'opposition n'existait pas seulement à Jérémie; elle était dans tout le pays, comme l'ont prouvé les événements, mais nulle part elle n'était organisée ni conduite comme à Jérémie. A Jérémie l'opposition n'avait pas de secret, même pour ceux qui étaient contre elle; elle faisait ouvertement la propagande des principes révolutionnaires, et l'autorité ne pouvait arrêter sa marche, parce que l'esprit de sagesse et de vérité présidait à tous ses actes.

Enfin, il faut le dire, le peuple était las d'un gouvernement dont les ressorts étaient usés. Son système de police secrète, quoique bien organisé, n'allait plus; la police avait tant à rapporter, qu'elle perdait la tête; tout le monde presque se mêlait de politique; chacun émettait son opinion sur l'administration et blâmait ouvertement ses fausses mesures. Le gouvernement du président Boyer avait tellement perdu la confiance du peuple, que les actes qui pouvaient même tourner à son profit n'étaient point accueillis.

Le tremblement de terre du 7 mai 1842 venait de mettre le pays bien en arrière dans ses ressources. La ville du Cap, disparaissant presque tout entière, avait englouti avec elle une assez forte population et considérablement de capitaux.

Le commerce se ressentit tout à coup de ce vide; cette perte et celles qui eurent lieu dans la partie de l'est, causées par le même événement, jeta une panique dans le haut commerce et il devint exigeant. L'incendie du Port-au-Prince, en janvier 1843, qui ruina entièrement le commerce de cette ville, mit le désespoir dans tous les cœurs [1]. Il semblait que Dieu n'envoyait ces fléaux au peuple haïtien que pour le réveiller de sa torpeur ; car le tremblement de terre du 7 mai fit tomber de la maison du Sénat le frontispice portant les attributs de la liberté. Cette pièce détachée du monument se brisa et tomba en poussière. Était-ce un symbole fatidique de la ruine de nos institutions?

De grands événements étaient à l'horizon, tout annonçait que la face des choses allait changer; la révolution apparaissait indispensable dans ce murmure d'un peuple qui demandait des concessions sans pouvoir en obtenir et qui se trouvait en face d'un gouvernement sourd à toutes ses réclamations.

[1] Au moment où cet incendie avait lieu la capitale n'avait pas une goutte d'eau.

CHAPITRE IV

Sommaire. — L'opposition devient révolution; elle s'organise à Jérémie et aux Cayes; un manifeste contenant les griefs articulés contre le président Boyer est rédigé dans cette dernière ville et communiqué à tout le pays. — Rivière-Hérard est nommé chef d'exécution. — Le général Lazarre, commandant de l'arrondissement de Tiburon, à qui le manifeste est communiqué, accepte la révolution. — Les révolutionnaires des Cayes ne réussissent pas à se rendre maîtres de la ville; ils se dirigent vers Tiburon. — Jérémie est en la possession du comité révolutionnaire, et devient dès lors le boulevard de la révolution.

Dans le mois d'octobre 1842, le manifeste de la révolution rédigé aux Cayes parvint à Jérémie, non pas de la société de cette ville, mais par la voie du citoyen Donat qui y était allé de l'Anse-à-Veau. Cette pièce plut aux patriotes de Jérémie, parce qu'ils acquirent alors la conviction qu'il y avait une organisation aux Cayes ; et comme cette ville, tant par sa population beaucoup plus nombreuse que celle de Jérémie, que par sa position géographique, était toujours considérée comme devant donner l'éveil à la révolution, les citoyens de Jérémie virent la possibilité de faire réussir une levée de boucliers. Les noms désignés dans le manifeste pour occuper provisoirement le gouvernement étaient autant de garanties pour les patriotes de Jérémie, et leur donnaient l'assurance que la révolution s'accomplirait sans tache et sans effusion de sang.

Les choses en étaient là, lorsque le citoyen Numa Paret eut occasion de faire un voyage à l'Anse d'Ainault pour ses affaires.

Il y rencontra le commandant Rivière-Hérard, qui lui communiqua le manifeste et le lui remit avec d'autres pièces, à l'adresse du citoyen H. Féry, pour être portées à la connaissance des patriotes de Jérémie. Le commandant Hérard donna aussi communication du tout au général Lazarre, qui approuva l'idée de la révolution et promit de s'y engager. Le député Lapaquerie, de Dame-Marie, reçut aussi des communications du commandant Hérard; et ce citoyen, dont toute la conduite pendant la révolution fut digne d'éloges, jura dès ce moment de l'organiser chez lui.

Le citoyen Numa Paret, de retour à Jérémie, communiqua à quelques amis ce qu'il avait appris du commandant Hérard de l'organisation d'une société secrète aux Cayes. Déjà le citoyen Wilson Phipps avait proposé de se réunir pour délibérer sur la direction qu'il faudrait donner aux choses, car les événements semblaient approcher; cette opinion était fondée sur l'esprit révolutionnaire dont tous les citoyens de Jérémie étaient animés. Alors fut arrêtée une liste portant les noms suivants : Féry, Margron, H. Bouché, F. Hippolyte, Fouchard, A. Laforest, René Isaac, W. Phipps, N. Paret et Chassagne fils. Ces dix citoyens se réunirent, dans la nuit du 24 au 25 décembre 1842, dans la maison de la citoyenne Aimée Nogéré. Là, ils prirent connaissance des pièces apportées par le citoyen Numa Paret et reçurent de lui les communications qu'il tenait du commandant Hérard.

La société secrète s'organisa; le citoyen Féry en fut élu président; le citoyen Margron, vice-président, et le citoyen Fouchard, secrétaire.

On donna au bureau le pouvoir de communiquer à un certain nombre des membres de l'opposition la marche des affaires. De suite ceux dont les noms suivent furent reçus et inscrits : Blanchet, F. Brierre, Rochemont-Rocher, Jacques Villedrouin, Lartigue, F.-E. Dubois, Philibert Laraque, J.-B. Laraque, Dubrocar, Montès, L. Olivier, Woëlson Well, Gérôme Fourcaud, Donat, J.-B. Mauclair, E.-E. Lhérisson, S. Rouzier. Ce corps de vingt-sept membres de l'opposition reçut la dénomination de Giron, et eut pour mission d'organiser définitivement la révolution. Chaque membre prêta un serment solennel entre les mains du président. Les choses marchèrent dès lors avec une rapidité incroyable. La société avait expédié aux Cayes un de ses membres, Wilson Phipps, pour s'assurer de l'état de choses dans cette ville. Il revint dans le courant de janvier 1843 et fit son rapport au Giron ; il dit qu'à peine arrivé aux Cayes il s'était empressé de faire connaître au commandant Hérard l'objet de sa mission ; qu'à la demeure du citoyen Bédouet eut lieu aux Quatre-Chemins la convocation des citoyens dont les noms suivent : Laudun, Thomas Presse, Armand fils, S. Rémy, Maître Ledoux, Hérard Dumesle, Désir Philippe, Geffrard, Pilorge et quelques autres. Le comité fut institué dans cette réunion ; le commandant Hérard fut nommé président et Armand fils secrétaire. Pendant le séjour du citoyen Wilson Phipps aux Cayes, le comité de cette ville travailla assidûment, forma le projet d'une caisse et arrêta toutes les mesures à prendre pour le triomphe de la révolution. Plusieurs réunions eurent lieu à Praslin, propriété du commandant Hérard, et il fut définitivement arrêté que l'étendard de la révolution serait levé du 20 au 27 février. Tel fut le rapport de l'envoyé du Giron de Jérémie. Le citoyen Féry, son président, reçut du commandant Hérard, chef d'exécution, la lettre suivante :

Cayes, le 15 janvier 1843.

« A MONSIEUR FÉRY, A JÉRÉMIE.

« Mon digne et estimable Concitoyen,

« J'ai reçu avec une joie inexprimable votre lettre ; si nous « ne nous sommes pas communiqués directement, nos cœurs « se sont entendus. Vos communications avec Dumesle « m'étaient connues, et vous savez combien de liens m'unissent « à lui ; et Rigaud, notre parent et ami, vous estime tant, que « si votre mérite particulier m'était inconnu, ces témoignages « si chers à mes affections m'eussent fait rechercher votre « amitié, mais je savais que vous me l'accordiez d'avance.

« Le radical Wilson Phipps vous dira ce qu'il a vu ; il vous « dira quels furent mes efforts pour remonter les esprits. « Dumesle est inébranlable, mais il a éprouvé un moment de « dégoût ; son ardeur s'est ranimée plus que jamais et peut-« être que ce n'est qu'à l'impression du moment qu'il faut « attribuer les reproches qu'il a mérités. Je ne le justifie « pas ; un homme comme lui devrait être plus pénétrant. « Désormais si vous envoyez quelqu'un auprès de nous, qu'il « descende chez moi et non ailleurs.

« Je suis persuadé, mon Concitoyen, que nous nous enten-

« dons ; je recommande à vous, au Giron de Jérémie aussi bien « qu'au colonel Laraque, de veiller par-dessus tout à ce que « aucun cultivateur ne s'introduise dans les rangs de la garde « nationale, qui ne doit être composée que de propriétaires, « fils de propriétaires, fermiers, sous-fermiers, etc. Le por- « teur est chargé de bien des choses pour vous.

« Tout à vous de cœur,

« *Signé:* Hérard aîné. »

Tel était l'état des choses aux Cayes. L'opposition s'était ralentie un instant ; le commandant Hérard seul faisait des efforts pour remonter l'esprit de ses membres. L'arrivée de l'envoyé de Jérémie avait fait mettre la dernière main à l'œuvre. De ce moment, l'organisation marcha rapidement.

A Jérémie, l'opposition était sur pied ; elle s'était accrue considérablement, et n'attendait plus que le signal convenu pour agir. Le Giron avait expédié deux de ses membres au général Lazarre, les citoyens A. Laforest et Fouchard. Ils eurent une entrevue avec le général, dans laquelle ils lui déroulèrent tous les plans de la révolution. Le général Lazarre donna son dernier mot et assura qu'on pouvait compter sur lui, convaincu qu'il était que tous les moyens matériels nécessaires pour faire marcher la révolution existaient à Jérémie.

Néanmoins, quelques précautions que prirent les patriotes, à Jérémie, l'autorité eut des soupçons sur leurs démarches. Le 22 janvier au matin, il n'était bruit en ville que de l'arrestation de quelques-uns d'entre eux. C'étaient MM. Féry, Brierre, Fouchard et Margron. A cette nouvelle, ils se réunirent à plus de quatre-vingts dans la maison du citoyen Numa Paret, et jurèrent tous de périr plutôt que de laisser mettre la main sur un seul. Ce serment rappelait celui du Jeu de Paume. Sur la proposition d'un membre, une députation composée des citoyens Féry, Margron, Laforest et Mauclair fut envoyée auprès du général Ségrétier, commandant de l'arrondissement, pour savoir de lui s'il était vrai qu'il fût question de faire des arrestations parmi les patriotes; ces citoyens lui déclarèrent en même temps la résolution qu'ils avaient prise. Le général rassura la commission, et la pria de dire à l'assemblée de s'en prendre à lui s'il arrivait le moindre outrage à aucun de ses membres : le général Ségrétier montra la plus grande sagesse dans cette circonstance.

Sur le rapport de la députation, l'assemblée se sépara, mais toujours avec la résolution d'agir ainsi qu'elle l'avait dit.

Cependant les événements approchaient; chacun préparait ses armes en silence; les cartouches se fabriquaient; les chevaux de la cavalerie étaient ou en ville ou à une petite distance, de manière à les avoir sous la main au besoin.

La propagande allait son train dans la campagne; les habitants attendaient avec impatience le jour qu'on leur annonçait, et les patriotes acquirent la conviction que les idées de contre-révolution qu'on avait cherché à semer parmi eux ne prenaient pas et qu'ils étaient acquis à la cause nationale, c'est-à-dire à leur propre cause. On doit beaucoup au citoyen René Isaac, qui fit de grands efforts pour détruire la mauvaise impression que les ennemis secrets de la cause cherchaient à donner aux masses.

Des ouvertures furent faites aux officiers les plus influents de la garnison; la plupart promirent leur coopération. Tel était le résultat que l'opposition avait obtenu dans le courant de janvier à Jérémie.

Tout étant ainsi préparé, les patriotes de cette ville n'attendaient plus que le mot convenu entre eux et ceux des Cayes, lorsque le 30 janvier, à cinq heures du soir, arriva de l'Anse-d'Ainault le citoyen Rochemont-Rocher, qui y était allé attendre des nouvelles des Cayes; il apportait au citoyen Féry, président du Giron, la lettre suivante :

« LIBERTÉ OU LA MORT, RÉPUBLIQUE D'HAÏTI.

« *Au nom du peuple souverain, Charles Hérard aîné, chef*
« *d'exécution des résolutions du peuple :*

« AU COMITÉ POPULAIRE DE JÉRÉMIE.

« Citoyens, Frères et Amis,

« Les suppôts de la tyrannie qui pèse sur le pays emploient « des moyens de violence pour empêcher les défenseurs du « peuple de revendiquer ses droits. Ils ne respirent que car- « nage et voudraient éteindre dans notre sang les dernières « étincelles du feu sacré de la liberté et du patriotisme.

« Disposez-vous donc, vous et tous les vrais citoyens amis « de la patrie ! Levez-vous, dignes patriotes, défenseurs de « la sainte cause des principes ! Marchez avec eux pour sau- « ver la patrie, votre mère, des attaques du despotisme. Le

« signal est donné, un instant de retard compromettrait notre « existence et les droits du peuple.

« Aux armes, dignes Citoyens ; le sort de la patrie est dans « vos mains ; levez-vous ! Nous nous rendons aux Cayes, ce « soir 27 janvier 1843, pour nous en emparer à force ouverte : « suivez vos instructions.

« A vous, salut, fraternité, courage, célérité.

« *Signé :* HÉRARD aîné. »

Cette lettre avait été remise à Lapaquerie, qui était alors aux Anglais ; ayant appris par l'envoyé que des préparatifs se faisaient dans la ville des Cayes, pour déployer la force contre le commandant Hérard, il ouvrit la lettre adressée au citoyen Féry et vit de quoi il s'agissait. Il part des Anglais et arrive à franc étrier à l'Anse-d'Ainault, où il communique la lettre au général Lazarre. Le général, fidèle à sa promesse, prend ses mesures ; la nouvelle cependant ne circule pas à l'Anse-d'Ainault : elle reste entre quelques patriotes sûrs.

Donc, le 30 janvier au soir, douze membres du Giron se réunissent chez le citoyen Margron, pour prendre connaissance de la dépêche ; les uns veulent qu'on prenne les armes immédiatement ; d'autres disent d'attendre une seconde dépêche, qui ne doit pas manquer d'arriver le lendemain. Enfin on renvoie la décision au lendemain et on se tient sur ses gardes toute la nuit.

Le lendemain, 31 janvier, la garde nationale envoya une députation au général Ségrétier, pour lui faire savoir qu'elle désirait prendre les armes pour le maintien de l'ordre, car le bruit courait qu'il y avait émeute aux Cayes.

En effet, il était venu de Plimouth des habitants qui avaient rapporté que la générale avait été battue et le canon d'alarme tiré aux Cayes, par ordre du général Borgella. Les patriotes, feignant d'ignorer le véritable état des choses, imaginèrent un moyen légal de prendre les armes, en avertissant l'autorité. Mais la députation revenue rapporta que le général Ségrétier avait ajourné sa réponse jusqu'à trois heures de l'après-midi, voulant, disait-il, prendre l'avis de tous les fonctionnaires avant de se décider. Les fonctionnaires réunis déclarèrent, à la majorité, qu'il n'y avait pas lieu d'accorder à la garde nationale sa demande, attendu que la police ordinaire suffisait pour le maintien de l'ordre; que néanmoins une douzaine de gardes nationaux pourraient se joindre à la police ordinaire. Sur cette réponse, les patriotes se réunirent chez le citoyen Féry et arrêtèrent qu'ils prendaient immédiatement les armes. Ils pensaient que leurs amis des Cayes pouvaient se trouver engagés en dehors même de la ville, ce qui rendrait leur succès douteux; et bien qu'il ne fût pas permis de croire que Jérémie seule pût amener le triomphe de la révolution, les patriotes ne délibérèrent plus. A quatre heures et demie du soir, cent vingt citoyens, tant à pied qu'à cheval, bien armés et décidés à périr pour la cause qu'ils avaient embrassée, étaient rangés en bataille devant la maison du citoyen N. Paret. A cinq heures, les citoyens J.-F. Nicolas et F.-E. Dubois furent expédiés à l'Anse-d'Ainault pour aller chercher le général Lazarre. Il avait été arrêté précédemment entre F.-E.

Dubois et le général que ce serait lui qui irait le chercher et pas d'autre. Ces précautions avaient été jugées utiles dans ces moments difficiles ; et si on se rappelle sous quel régime on était alors, on ne sera pas étonné que les patriotes aient prévu jusqu'aux plus petits détails d'une aussi vaste entreprise.

Il faut parler ici de l'opposition à l'Anse-d'Ainault.

Si Jérémie a son grand mérite dans la révolution, l'Anse-d'Ainault ne doit pas moins attirer les regards du pays. Quelques hommes généreux de cette ville y avaient semé le germe du libéralisme. Nous citerons avec plaisir les citoyens Lebreton, Stanislas Tabuteau, Tourneaux jeune, Mouras père, Clette, Ismé Paret, Salès, Codiau, Bellefleur, Jambon et d'autres. Le premier surtout avait mis sa vie et sa fortune en jeu : ce fut lui qui paya de ses fonds l'armée au moment de son départ pour Jérémie ; la garnison était donc acquise à la révolution.

Le matin du 1er février, les députés arrivèrent à l'Anse-d'Ainault ; ils trouvèrent tout le peuple sur pied et se réjouissant à l'idée du renversement d'un gouvernement oppresseur.

Dès la veille, le général Lazarre avait fait prendre les armes à la garde nationale et aux troupes de son arrondissement ; il leur avait expliqué le motif de la levée de boucliers : la détermination du peuple de se défaire d'un maître et sa résolution de prendre part au mouvement. La garde nationale, le 18e régiment, l'artillerie et la gendarmerie acceptèrent avec empressement une révolution qu'ils appelaient de tous leurs vœux ; tous les officiers signèrent un procès-verbal dressé à cet effet.

Après avoir reçu l'adhésion de ces troupes, le général Lazarre les avait renvoyées en leur disant de se tenir prêtes pour la marche au premier signal.

Ce 1re février donc, à onze heures du matin, le canon d'alarme fut tiré et la générale battue. Les braves de l'Anse-d'Ainault répondirent à cet appel et à quatre heures de l'après-midi toute la division fut sous les armes. Une ration de huit jours lui fut distribuée; les officiers reçurent quatre gourdes et les soldats deux. Le citoyen Lebreton, qui faisait cette avance, en fit lui-même la distribution, aidé de Tourneaux jeune, Mouras fils et F.-E. Dubois. Des cartouches et des pierres à feu furent également distribuées à l'armée.

Au moment de se mettre en marche, le général Lazarre tire son sabre, ordonne un roulement de tambour, puis il expose de nouveau aux citoyens le motif de la prise d'armes; il leur demande, pour la dernière fois, s'ils sont sincèrement disposés à défendre la cause qu'ils ont embrassée, et à en faire le serment. Tous prennent Dieu à témoin de leur dévouement et crient : *Vive la révision de la Constitution! Vive le général Lazarre!* Le général commande lui-même la manœuvre et accompagne l'armée jusqu'aux portes de la ville; là il remet le commandement au colonel Dényon, avec ordre de s'arrêter le soir à la Petite-Rivière, distante de quatre lieues de l'Anse-d'Ainault

Lapaquerie, qui avait été nommé colonel de la garde nationale de l'arrondissement de Tiburon par le chef d'exécution, avait aussi agi de son côté; il avait mis sous les armes, entre Dame-Marie et la Petite-Rivière, environ 400 hommes, entretenus à ses frais et bien disposés à revendiquer leurs droits si longtemps méconnus du pouvoir.

Le général Lazarre devait partir le 2 février au matin, et cependant jusqu'au soir du 1er on était sans autres nouvelles des Cayes que la prise d'armes de Praslin. A neuf heures du soir, plusieurs lettres arrivent des Anglais de la part du chef d'exécution. Il y en avait une adressée à Stanislas Tabuteau à l'Anse-d'Ainault; une autre à Lapaquerie et une troisième à Numa Paret à Jérémie. Les deux dernières furent remises à l'envoyé F.-E. Dubois, qui les ouvrit pour s'assurer si elles émanaient vraiment du chef d'exécution que le courrier affirmait être aux Anglais. En effet, le chef d'exécution disait aux patriotes de Tiburon [1], de l'Anse-d'Ainault, de Dame-Marie et de Jérémie, qu'un incident l'avait forcé à diriger sa marche vers eux; qu'ils eussent à se lever immédiatement, et que déjà il avait obtenu beaucoup de succès.

La nouvelle de l'arrivée du chef d'exécution aux Anglais donna lieu à plusieurs conjectures; car, n'ayant pas eu d'autres nouvelles des Cayes depuis la lettre du 27 janvier écrite de Praslin, on ne savait à quoi attribuer ce retard. Cette circonstance fut néanmoins soigneusement cachée par ceux qui la connaissaient.

Voici comment les choses avaient eu lieu aux Cayes : dès le départ du citoyen Wilson Phipps, député du Giron de Jérémie près des patriotes des Cayes, l'autorité n'eut plus de doute sur l'existence d'une société révolutionnaire. Elle prit

[1] Le citoyen Bélizaire Sévré de Tiburon avait reçu une lettre pareille.

des mesures, et parla d'arrestations. Rivière-Hérard fut obligé de presser les opérations de la société, afin de prévenir les arrestations. Les membres de l'association firent beaucoup d'efforts pour se mettre en état d'agir immédiatement; mais ceux sur lesquels ils comptaient ne répondirent pas à leur appel, et pour éviter définitivement d'être arrêté, Rivière se retira à Praslin, son habitation, où ses amis le joignirent.

Le 26 janvier, il y avait grand mouvement dans la ville des Cayes. Le bruit courait que le rassemblement de Praslin était le prélude de la révolution qui devait éclater aux Cayes, à Jérémie et à l'Anse-d'Ainault. Le 27, on disait que Rivière devait s'emparer de la ville le soir. Le général Borgella se mit en état de défense, et fit prendre les armes à toute la garnison, y compris la garde nationale. Les canons furent chargés et braqués dans diverses positions, et des cartouches furent distribuées aux troupes. Le soir, Merveilleux, Hérard, Louis-Jacques et Caïlus Barbot furent arrêtés. Le lendemain 28, le chef d'exécution députa auprès du général Borgella Bélus Ledoux, chargé de lui demander une entrevue, et de lui offrir de lui donner communication du manifeste; mais la mission n'obtint aucun succès. Ce même jour, la générale fut battue et la ville mise sur un véritable pied de guerre; à trois heures de l'après-midi, Tuffet fut arrêté. Le dimanche 29, un ordre du jour fut publié, par lequel Rivière-Hérard était déclaré traître à la patrie, et Thomas Presse, un des membres du Giron, fut aussi arrêté. Le lundi 30, le général Solages fit son entrée aux Cayes avec le 14e régiment. Le colonel Cazeau en sortit le même jour ayant avec lui les 12e et 16e régiments et un bataillon de la garde nationale de Torbeck ; les colonels Colin et Augustin Cyprien étaient ses lieutenants. Le chef d'exécution, de son côté, avait tenté de rallier à lui la garde nationale du Port-Salut et celle du Camp-Périn ; il avait envoyé à cet effet Laudun, Lhérisson et Bédouet auprès de Tessono, commandant de la garde nationale du Camp-Périn. Tessono dit aux envoyés que le moment n'était pas opportun, qu'il était trop tard pour se rallier au commandant Hérard, puisque toute sa troupe savait déjà que des forces considérables étaient déployées contre lui. Le chef d'exécution prit donc le sage parti de diriger sa marche vers les coteaux et arriva aux Anglais, d'où il écrivit les différentes lettres dont nous venons de parler. Plusieurs autres arrestations avaient eu lieu aux Cayes : Labastille fils, Castel, Barjon fils, Armand fils et Layette avaient augmenté le nombre des membres de l'opposition déjà emprisonnés.

Le général Lazarre s'était mis en route pour Jérémie, le 2 février au matin ; il était accompagné des citoyens Mouras père, Viau, son secrétaire, Nicolas et F.-E. Dubois, son aide de camp. Il s'arrêta un instant à Dame-Marie pour y donner quelques ordres, et continua sa route pour la Petite-Rivière, où sa troupe l'attendait : le colonel Lapaquerie avait réuni sa garde nationale à la division du général Lazarre. Le soir, le général couchait aux Abricots, où les citoyens A. Laforest, Lartigue et A. Brierre, envoyés de Jérémie, le rencontrèrent pour lui apprendre comment les choses avaient eu lieu dans cette ville.

Le nombre de 120 citoyens qui s'étaient réunis le 31 janvier au soir, s'était augmenté de 80 pendant la nuit, en sorte que le 1er fevrier, à six heures du matin, 200 patriotes, dont 50 environ à cheval, faisaient le serment en face du soleil levant de périr pour le triomphe de la liberté. On remarquait dans leurs rangs plusieurs sous-officiers du 17e régiment, tels que Romain Cassamajor, Mondésir Chassagne, Orosmane Bouché, Fleurino Fleury, Tévenar Rocher, Marius Furcy, Delvar Paccau, Volcy Roulette, ainsi que H. Bouché et Alexandre Fourcaud, officiers audit corps, destitués à l'occasion de la médaille decernée au citoyen Dumesle. Le colonel Laraque, qui devait diriger les opérations, et qui avait été averti de la prise d'armes de la veille, arrivait des Roseaux le 1er fevrier au matin. Il se mit en face des 200 patriotes, et tirant son épée il leur demanda s'ils voulaient jurer avec lui, sur cette épée, de périr pour la cause qu'ils avaient embrassée. Ils répètent avec enthousiasme ce serment déjà fait devant Dieu. Alors le commandant Laraque commande la marche par la rue qui conduit à l'arsenal et à l'arrondissement.

La cavalerie, dirigée par le citoyen Rochemont-Rocher, s'arrêta devant la maison du général Ségrétier. Aussitôt les citoyens Féry, Margron et Blanchet mirent pied à terre et déclarèrent au général qu'il était fait prisonnier au nom du peuple, et lui donnèrent l'assurance qu'il ne lui serait fait aucun mal : un piquet de cavalerie lui fut laissé comme garde d'honneur. Pendant que la cavalerie se rendait maîtresse du poste de l'arrondissement, l'infanterie, ayant toujours à sa tête le colonel Laraque, s'emparait de l'arsenal. La garde qui y était remit son poste, parce qu'elle comprit que le peuple avait repris sa souveraineté, et parce que la tendance toute morale de la révolution était connue.

Une fois maître des pièces, le commandant Laraque rallia à lui tous les artilleurs qui étaient dans le parc et se dirigea vers le bureau de la place. Les deux pièces de canon furent placées devant l'église, mais braquées sur le bureau de la place. Ainsi les patriotes se couvraient de l'égide de la divine Providence ; ils semblaient, dans cette attitude, la prier de bénir leur entreprise, tout en épargnant le sang de leurs frères. Ces citoyens ont droit chacun à une médaille d'honneur en forme de recommandation à la patrie ; c'est tout ce que leur modestie réclamerait d'elle.

L'artillerie ayant pris position devant l'église, le colonel Laraque dirigea l'infanterie sur le bureau de la place, la cavalerie l'appuya jusque vers l'arbre de la liberté où le citoyen Rochemont-Rocher lui donna une position oblique, afin de laisser jouer l'artillerie au besoin.

Les forces ainsi disposées, les citoyens Féry, Margron, Blanchet et Laraque avancèrent pour parler au colonel Frémont, commandant de la place. Il était à son poste, ayant sous les armes une quarantaine d'hommes, tant du 17e régiment que des employés de l'ordre civil. Après un instant de pourparler, on entend un coup de feu ; les troupes des deux côtés ne sachant d'où venait cette détonation, se couchent mutuellement en joue ; mais les mots « Ne tirez pas ! » se font entendre de toutes parts. On put reconnaître alors que c'était le citoyen Merceron qui s'était donné un coup de pistolet dont il mourut au bout de quelque temps[1]. Les armes furent aussitôt redressées, et par un exposé des circonstances que firent au colonel Frémont les citoyens plus haut désignés, il remit son poste. Il fut aussi déclaré prisonnier du peuple et garda les arrêts chez lui.

Le gouvernement populaire s'installa aussitôt dans la maison du citoyen Numa Paret, située en face du quai, où le drapeau national fut attaché. Ce gouvernement était composé d'un comité de quatre membres extraits du Giron. Ce furent les citoyens Féry, président, Margron, Blanchet et N. Paret, secrétaire. Les autres membres du Giron, après s'être divisés aussi en comités s'occupant de tout ce qui était nécessaire à l'organisation de l'armée, prirent la marche avec elle.

Le comité dirigeant mit tout son soin au maintien de l'ordre dans la ville et dans la campagne. Partout des cavaliers furent expédiés pour annoncer aux environs les événements qui venaient de s'accomplir à Jérémie. Voici la circulaire qui fut adressée aux commandants des postes de l'arrondissement :

« Jérémie, le 1er février 1843, an 40e de l'indépendance,
et le 1er de la régénération.

« Citoyen Commandant,

« Le peuple, fatigué de la longue oppression qui pèse sur lui,
« écrasé sous le poids de la misère qui est le résultat de l'af-
« freux système contre lequel tous les bons citoyens récla-

[1] Cet honorable citoyen, ce bon père de famille, laissa de profonds regrets parmi ses compatriotes.

« ment en vain depuis longtemps, a ressaisi sa souveraineté : « du Sud au Nord, de l'Est à l'Ouest, l'étendard de la liberté « flotte victorieux.

« Dans cet état de choses, la police doit être l'objet de notre « plus vive sollicitude. Les officiers qui l'auront bien faite, « et qui auront par là mérité de la patrie recevront d'elle « cette belle récompense qui honore les cœurs généreux pour « lesquels la patrie n'est pas un vain mot.

« Aussitôt donc la présente reçue, vous aurez à vous con- « certer avec les autorités locales et les officiers ruraux sur les « moyens nécessaires pour maintenir l'ordre, assurer la tran- « quillité publique et activer les travaux de la campagne. Au « nom de la patrie, employez tous vos efforts, tous les moyens « de persuasion que votre cœur vous dictera pour encourager « les habitants à persévérer dans leurs travaux ; qu'ils soient « bien convaincus qu'un nouvel ordre de choses donnera sa- « tisfaction à tous les intérêts ; que le nouveau gouvernement « reconnaîtra le principe, que l'industrie agricole, pour être « dans un état prospère, doit être encouragée ; que toutes les « mesures seront prises pour qu'ils ne soient plus exposés à « toutes les exactions dont ils se sont plaints avec tant de rai- « son, et qu'enfin ils doivent prendre la plus entière confiance « dans les efforts que nous faisons pour améliorer le sort du « peuple.

« Veuillez nous accuser réception, etc. »

Comme on le voit, la révolution ne perdait pas une minute à Jérémie ; les opérations marchaient avec une célérité incroyable. La ville, de ce jour jusqu'à la fin de la révolution, n'a jamais ressemblé à une place de guerre, mais plutôt à un séjour de plaisirs. Elle était illuminée tous les soirs, les patrouilles se succédaient sans interruption. La cavalerie parcourait les avenues de la ville, et faisait même des excursions dans la campagne, pour assurer la tranquillité publique. Cet ordre de choses ouvrait tous les cœurs à l'espérance; le voile qui cachait l'avenir était enfin déchiré!

Ainsi, dès le 1er fevrier, la révolution mettait ses principes à exécution; elle était sage mais ferme dans ses mesures; la justice était la base de toutes ses opérations.

Le 2 fevrier, le comité dirigeant envoie au Corail les citoyens J.-L. Cazeau, et Philibert Laraque pour y implanter les principes de la révolution. A trois lieues environ de Jérémie, ils rencontrent trois hommes inconnus qui leur paraissent suspects; ils les questionnent et apprennent d'eux qu'ils viennent des Cayes et qu'ils sont porteurs de lettres au général Ségrétier de la part du général Borgella. Les deux envoyés retournent avec ces hommes; l'un d'eux, Philibert Laraque, les tient à vue de l'autre côté du bac, et Cazeau s'empare des lettres qu'il va remettre au comité. Le comité les ouvre et voit que le général Borgella apprenait au général Ségrétier la prise d'armes de Praslin et l'envoi de troupes contre les révoltés; qu'ils avaient pris la route de la Grand'Anse et qu'il était urgent que le général Ségrétier leur fermât le passage. Les noms des principaux auteurs étaient désignés dans les lettres. Le comité prend alors une résolution digne des anciens Romains : il écrit au général Borgella que sa lettre au général Ségrétier est entre ses mains ; lui parle de la prise d'armes des citoyens de Jérémie et de leur détermination de tout sacrifier pour faire réussir leur entreprise. Cette réponse fut remise aux deux envoyés du général Borgella, qui furent reconduits à une grande distance, avec défense de revenir sur leurs pas.

Corail et Pestel, dont nous aurons occasion de parler plus loin, avaient accueilli la révolution avec enthousiasme. Son drapeau était déjà arboré dans deux arrondissements entiers. Tels étaient les progrès de la révolution après deux jours de travaux.

CHAPITRE V

Sommaire. — Arrivée du général Lazarre; il est promu au grade de général de division, commandant la première division de l'armée populaire et l'arrondissement de Jérémie. — Le général Ségrétier est aussi nommé général de division et membre du gouvernement provisoire. — Son alliance avec le général Lazarre. — Joie exprimée de tout le peuple.

Le général Lazarre, qui était parti des Abricots le matin du 3 février, fit son entrée à Jérémie dans l'après-midi du même jour. Les citoyens Féry, Philibert Laraque et Rochemont-Rocher, furent à sa rencontre à la porte de la ville. Là, le citoyen Féry, président du comité, complimenta le général au nom du peuple et le remercia d'avoir si généreusement tenu ses promesses envers l'opposition.

Le général Ségrétier qui, le même jour, avait embrassé la la cause de la révolution, en acceptant le titre de membre du gouvernement provisoire en remplacement du général Bonnet, fut averti de se tenir prêt pour se rendre sur la place d'armes, en même temps que le général Lazarre y arriverait. Les citoyens Blanchet, Margron, L. Ollivier et F.-E. Dubois étaient désignés pour accompagner le nouveau membre du gouvernement provisoire.

Les choses étaient disposées de façon que les deux généraux

se rencontrassent devant l'église, et de là prissent la route qui conduit à l'autel de la patrie.

Le général Lazarre, à la tête de sa division, avait à peine débouché à l'angle nord de la place d'armes, que le général Ségrétier parut de l'autre côté; ils se saluèrent comme d'anciens camarades d'armes. Dès que les troupes eurent pris place, les deux généraux furent conduits à l'autel de la patrie, accompagnés de tous les membres du Giron. Là, le citoyen Féry, président, proclama le général de brigade Ségrétier, général de division et membre du gouvernement provisoire; le général Lazarre fut aussi proclamé général de division, commandant la première division de l'armée populaire, en marche contre le Port-au-Prince, et commandant de l'arrondissement de Jérémie.

Il serait difficile de peindre l'enthousiasme du peuple lorsque les deux généraux, s'embrassant, acceptèrent la mission qu'il venait de leur confier, de marcher à la conquête de ses droits. Les cris de *Vive le général Lazarre! Vive le général Ségrétier! Vive la nouvelle Constitution!* partirent de toute part. Hommes, femmes et enfants, tous furent transportés d'une sainte joie et répandirent de douces larmes. La place d'armes présentait un spectacle admirable. Environ 3,000 hommes l'entouraient; le 17e régiment, qui s'était rallié à la cause populaire, la garde nationale et l'artillerie étaient sur un bon pied. La division du général Lazarre, composée de la garde nationale de l'arrondissement de Tiburon, du 18e régiment, de l'artillerie et de la gendarmerie, tous ayant le havresac au dos, offrait un spectacle vraiment imposant.

Pendant la cérémonie, une députation composée des citoyens Margron, Philibert, Laraque et F.-E. Dubois, fut envoyée auprès du colonel Frémont pour lui offrir de prendre part à l'allégresse publique. Il répondit à la députation qu'il était uni de cœur à la révolution, mais qu'il ne pouvait y prendre part dans le moment, et qu'il aimait mieux, d'ailleurs, conserver sa neutralité pour servir la révolution, en cas qu'elle ne réussît pas. La députation, tout en appréciant le noble motif qui l'animait, fut fâchée qu'il ne se décidât pas à prendre une bonne fois le parti du peuple[1].

Le général Lazarre fut accompagné à la demeure qui lui avait été préparée, aux acclamations du peuple.

De ce jour, 3 février, commença l'organisation de l'armée populaire; en moins de deux jours on avait pourvu à tous les besoins. Le Giron qui s'était partagé en comités de finances, de guerre et d'intérieur, avait travaillé sans relâche à tout mettre en ordre; toutes les forges de la ville furent occupées à réparer les armes en mauvais état. Nous devons des louanges au patriotisme que les armuriers de Jérémie ont déployé en cette circonstance. Le citoyen Bruni Azor s'est surtout montré fort zélé.

Un beau banquet fut donné au général Lazarre et à tous ses officiers; il en fut nommé président, et le général Ségrétier vice-président. On doit penser tout naturellement que des toasts en faveur de la régénération d'Haïti ne manquèrent pas d'être portés.

[1] Plus tard le général Frémont écrivit, pour dire qu'il acceptait la révolution avec toutes ses chances.

Un procès-verbal exposant les griefs du peuple contre le gouvernement fut dressé et couvert de signatures. Cette pièce, quoique succincte, démontre quelle était la détermination des citoyens de Jérémie : elle appartient à l'histoire.

« Aujourd'hui le 3 février 1843.

« Nous soussignés, citoyens de Jérémie,

« Ayant vainement réclamé par les voies légales la réforme « des abus qui ont plongé le pays dans l'abîme ; convaincus « qu'il n'y a plus rien à espérer d'un pouvoir qui a lacéré le « pacte social, attenté à l'inviolabilité des députés de la nation « et anéanti les libertés publiques et individuelles ;

« Ne voyant autour de nous ni sûreté, ni garantie pour nos « vies, puisque plusieurs citoyens généreux, à cause de leurs « opinions politiques, ont été dimanche dernier, 22 janvier, « menacés d'arrestation, et qu'ils n'ont dû peut-être leur salut « qu'à la résolution que nous avons prise de les défendre.

« Lassés de souffrir, force nous fut de prendre les armes le « 31 janvier

« Grâce à la divine Providence, notre sainte entreprise a « été couronnée du plus complet succès.

« Les autorités s'étant soumises à la volonté populaire, nous « n'avons eu heureusement à déplorer aucune des suites ordi- « naires de toute collision ; et, au contraire, nous nous plaisons « à rendre ici témoignage de notre admiration pour la sagesse « qu'elles ont montrée, comme nous tenons à honorer la jus- « tice qu'elles ont rendue à notre conduite.

« Depuis l'événement, des adhésions venant en foule prou-
« ver de plus en plus que nos volontés sont à l'unisson de la
« volonté générale, nous ouvrons le présent cahier pour le
« constater.

« Tous ceux qui ont fait ou n'ont pas fait partie de notre
« levée de boucliers sont invités à déposer leurs signa-
« tures, comme gage de leur coopération à la régénération de
« notre infortunée patrie. »

Les membres du Giron signèrent d'abord; ensuite deux cent quatre-vingt-quinze signatures, tant des militaires, employés civils, que des simples citoyens, vinrent couvrir cette pièce.

La marche du chef d'exécution était suivie : on savait qu'il était aux Abricots le 4; il fut député vers lui les citoyens N. Paret et R. Rocher, qui le rencontrèrent le soir au lieu appelé Bonbon. Ils lui firent part des succès de la révolution à Jérémie, et lui dirent que les patriotes le verraient avec plaisir. Le lendemain, 5 février, à onze heures du matin, il mettait pied à terre chez le citoyen Féry, dont la demeure est à l'entrée de la ville. Ceux qui étaient avec lui, formant son état-major, étaient : ses deux fils, Hérard Dumesle, Geffrard, Ogé Longuefosse, Saint-Rémy fils, Vancol, Raccolier, Pilorges, Désir Philippe, Bélus Ledoux, Lhérisson fils, Delvincourt, médecin, Desrouillères, Villedieu Bergeau, Germeuil Daguille, Lucien Adam, Numa. Geffrard[1] commandait environ 150 hommes à pied,

[1] Geffrard, alors colonel, fut promu au grade de général après le succès de la révolution. Il fut aussi nommé membre de l'asssemblée constituante.

mal armés et mal vêtus; on remarquait parmi eux le courageux Policarpe, qui joignait à d'autres mérites une grande modestie.

Tout était disposé pour recevoir le chef d'exécution; la garnison avait pris les armes et était rangée en bataille sur le Champ de Mars.

On délibérait pendant ce temps chez le citoyen Féry s'il ne fallait pas donner au commandant Hérard un titre militaire qui fût en accord avec sa haute position de chef d'exécution; les avis furent partagés sur cette question : le commandant Hérard lui-même pensa que ce serait déroger au manifeste, qui n'accordait aucun grade au chef d'exécution. Le citoyen Féry partagea cette opinion. Cependant, il fut décidé qu'il serait nommé général de division, puisqu'il aurait une division à commander, d'autant plus que ce nouveau titre ne changeait en rien sa qualité de chef d'exécution.

Les citoyens les plus respectables de la ville servirent d'escorte au chef d'exécution, et l'accompagnèrent de la maison de Monsieur Féry sur la place d'armes. Arrivé à l'autel de la patrie, il fut présenté au peuple par le président du Giron comme celui qui avait conçu le projet hardi de renverser le despotisme qui pesait sur lui, et fut proclamé général de division, commandant la seconde division de l'armée populaire : le peuple exprima sa satisfaction par de nombreuses acclamations. Le citoyen Hérard Dumesle lui fut aussi présenté comme l'homme qui, depuis vingt années, défendait ses droits à la tribune. Il fut également accueilli avec enthousiasme.

Ces amis trouvèrent toutes les sympathies auxquelles ils avaient droit à Jérémie. Ils avaient été malheureux dans leur entreprise; mais leur courage rendait leur malheur bien respectable, et la cause qui les unissait à leurs compatriotes de Jérémie avait formé entre eux une union que la mort seule pouvait dissoudre.

D'après les nouvelles que les patriotes des Cayes donnèrent à ceux de Jérémie de la situation des esprits chez eux, il fut résolu qu'une députation serait envoyée au général Borgella pour lui annoncer le motif de la prise d'armes de Jérémie, et lui demander d'intervenir dans la lutte qui allait avoir lieu entre le peuple disposé à revendiquer ses droits les armes à la main et le pouvoir qui avait toujours repoussé ses justes réclamations. Le général Ségrétier écrivit aussi au général Borgella et l'engagea à prendre conseil des circonstances, afin d'éviter les malheurs qui semblaient devoir fondre sur le pays.

Les commissaires chargés de porter les dépêches furent les citoyens Caymittes, Fonrose-Brierre, Fouchard et Rochemont-Rocher, qui se joignit à eux volontairement.

Ces messieurs, partis de Jérémie le 5 février au soir, prirent la route pénible de Plimouth pour arriver au plus tôt à leur destination. Mais craignant de s'égarer dans un chemin difficile, ils engagèrent le commandant Jean-Louis Lacroix, dont la demeure est sur le passage, à les accompagner; celui-ci accepta volontiers le partage dans la mission des députés.

Avant d'atteindre l'endroit nommé Poste-Avancé, les députés, surpris par la nuit, furent forcés de s'arrêter sur l'habitation de Thomas Quenille pour s'y coucher. A peine y étaient-ils, qu'un sous-officier de la garde champêtre des Cayes, qui sans doute avait mission d'éclairer la route, les y rencontra. Ce sous-officier adressa quelques questions aux députés sur le motif de leur arrivée en cet endroit. Ceux-ci lui répondirent franchement qu'ils venaient de Jérémie et qu'ils étaient porteurs de missives au général Borgella. Ils questionnèrent à leur tour le sous-officier sur l'état des choses aux Cayes. Ils apprirent de lui que la ville des Cayes était sur un pied de guerre formidable, et que le camp Périn était occupé par plusieurs régiments. Là-dessus il quitta les députés, et s'en retourna vite au camp Périn faire son rapport au général Richet qui commandait les forces de ce camp. Peu d'instants après, et au moment où nos députés se reposaient de leurs fatigues, arriva un détachement qui les réveilla au cri de : « Au nom de la loi, vous êtes prisonniers ! rendez vos armes ! » L'officier s'avança et les soldats croisèrent la baïonnette. Aussitôt leurs armes furent saisies, et il leur fut ordonné de se préparer à partir sur-le-champ; ils remirent alors à l'officier les paquets dont ils étaient porteurs. On se mit en route, et à deux heures du matin on arriva au camp Périn, où les députés furent remis entre les mains du général Richet[1]. Le général leur fit plusieurs questions sur la prise d'armes de Jérémie; ils répondirent avec toute la convenance et tout le courage qui doivent caractériser des hommes indépendants. Il leur donna communication d'un ordre du jour du général Borgella et de la proclamation d'amnistie du président Boyer. Du reste le

[1] Devenu plus tard président de la république.

général Richet les traita fort bien et leur fit passer le reste de la nuit dans son camp.

Le lendemain, les députés furent conduits au général Borgella sous une escorte de cavalerie. Après quelques moments d'attente, ils furent envoyés au cachot tenir compagnie aux Thomas Presse, aux Labastille, aux Armand fils, aux Castel, aux Barjon fils, aux Merveilleux Hérard, aux Tuffet, aux Gaëtan, aux Layette, etc.; plus tard Maître Ledoux, Lami Philippe et Giraudier vinrent augmenter le nombre des martyrs de la liberté.

L'arrestation de ces différents membres de l'opposition aux Cayes jeta la terreur parmi ceux qui avaient promis leur coopération à la révolution; en sorte que, dans ce moment, il n'existait pour ainsi dire plus d'opposition aux Cayes. Jérémie était donc abandonnée à ses seules ressources et à ses seules forces pour soutenir la révolution.

Laissons nos illustres prisonniers souffrir pour la cause qu'ils avaient embrassée, et retournons voir comment la révolution marchait à Jérémie.

CHAPITRE VI

SOMMAIRE. — Départ pour l'Anse-d'Ainault. — Rencontre du colonel Cazeau, qui y était cantonné. — Les deux armées restent en présence toute une journée. — Le soir Cazeau quitte la place, et l'armée populaire en prend possession. — Le colonel Cazeau est poursuivi jusqu'à Tiburon, et va se retrancher aux Anglais. — Retour de l'armée populaire à Jérémie. — Combat de Lessieur.

En prenant possession du trésor à Jérémie, on n'y avait trouvé que 6,605 gourdes. Si peu d'argent n'était rien pour satisfaire aux besoins d'une armée qui grossissait chaque jour, et répondre à l'administration financière de deux arrondissements. Il fallut donc pourvoir de fonds le trésorier. Les citoyens souscrivirent entre eux une forte somme qui fut déposée à la caisse publique. Les magasins de MM. Margron, Rouzier et Gostalle étaient pourvus de provisions propres à rationner l'armée ; le gouvernement populaire les retint à cet effet. Les choses ainsi réglées, l'administration marchait comme par le passé ; pas un sou n'entrait ou ne sortait du trésor sans une ordonnance de l'administrateur, visée par le gouvernement. S'agissait-il de délivrer des rations? on dressait des feuilles qui étaient encore visées par l'administrateur, et on se présentait au garde-magasin qui en faisait les livraisons. Une comptabilité admirable existait dans toutes les branches du service. La probité des membres du comité dirigeant et l'ordre qui régnait dans les finances firent que la révolution se soutint jusqu'à la fin sans emprunts forcés, moyens auxquels on a quelquefois recours dans les révolutions.

Le 6 février, on apprit que le colonel Cazeau était cantonné à l'Anse-d'Ainault, à la tête des 12e et 16e régiments et de la garde nationale de Torbeck. Le général Lazarre envoya auprès de lui le commandant Mouras et le capitaine Xavier Rémy porteurs d'une lettre. Le colonel Cazeau les accueillit mal, et allait les faire arrêter et conduire aux Cayes, si le colonel Augustin Cyprien ne l'en eût empêché.

Le 7, il fut décidé que les deux divisions se porteraient en masse sur l'Anse-d'Ainault afin de s'assurer des dispositions du colonel Cazeau. Elles partent en effet : la première, sous les ordres du général Lazarre, était composée de la garde nationale de l'arrondissement de Tiburon, du 18e régiment, de l'artillerie et de la gendarmerie de l'Anse-d'Ainault ; la seconde, sous les ordres du général Hérard, était composée de la garde nationale de Jérémie avec ses dragons, du 17e régiment et de l'artillerie. Ces deux divisions présentaient une force imposante.

Le soir du 8 l'armée populaire couchait aux environs de l'Anse-d'Ainault, et le 9 au matin elle était en présence de l'armée expéditionnaire. Le général Hérard avait eu soin de se munir d'une pièce de campagne prise à Dame-Marie ; il avait débouché par le morne Déjac et était opposé au 12e régiment qui avait aussi la pièce d'artillerie de l'Anse-d'Ainault. Le général Lazarre, avec sa division, avait débouché par la route de Démarre, et se trouvait sur une éminence à deux cents pas environ de là ville. Le colonel Cazeau lui avait opposé le 16e régiment et la garde nationale de Torbeck.

Les deux armées étant ainsi disposées, la division Lazarre poussa les cris de : « Vive la révision de la constitution ! Vive le général Lazarre ! La liberté ou la mort ! » La division Hérard fait de même de son côté; l'enthousiasme est grand dans les deux camps de l'armée populaire.

Le général Lazarre, voulant connaître l'intention du colonel Cazeau en lui faisant part de sa résolution, envoie auprès de lui trois aides de camp : ce sont les citoyens A. Laforest, J.-L. Cazeau et F.-E. Dubois. Ces trois députés expliquent au colonel Cazeau les motifs qui avaient porté le peuple à prendre les armes, et lui mettant sous les yeux l'état du pays, l'engagent à entrer dans les vues du peuple. Mais le colonel Cazeau refuse toutes les propositions qui lui sont faites, et finit par congédier la députation en lui disant qu'il n'avait pas mission de transiger avec le général Lazarre et qu'il tenait à suivre les instructions du général Borgella. Cependant il est obligé de quitter cette colonne pour surveiller également celle qui était opposée au général Hérard. Les députés profitent de ce moment pour causer avec les officiers du 16e régiment. Le colonel Colin, le capitaine Samedi Thélémaque et d'autres semblent s'intéresser au sort de la révolution, mais ils ne se décident pas positivement. Les aides de camp vont rendre compte de leur mission.

De son côté, le général Hérard envoyait aussi des parlementaires; il écrivait, mais les réponses étaient à peu près les mêmes qu'au général Lazarre. Ainsi toute la journée se passa en pourparlers presque inutiles. Cependant plusieurs officiers du colonel Cazeau vinrent voir leur ancien colonel (le général Lazarre). Le colonel Augustin Cyprien surtout s'exprima en termes assez formels en faveur de la révolution. Le colonel Cazeau répondit même à une lettre du général Lazarre d'une manière assez amicale ; cette lettre fut apportée par les capitaines Bataille et Deshaies accompagnés de quelques autres officiers, qui tous affirmèrent qu'ils ne consentiraient pas à tirer sur leurs frères armés pour une cause juste. Il était donc évident que l'armée du colonel Cazeau se démoralisait. Enfin un traité fut fait entre lui et le général Lazarre, par lequel il était stipulé qu'il quitterait l'Anse-d'Ainault le jour même et rendrait tous les projectiles de guerre de la place, ainsi que 3,000 gourdes qui étaient venues des Cayes pour solder la garnison de l'Anse-d'Ainault. A cinq heures du soir, l'armée populaire prenait possession de l'Anse-d'Ainault, tandis que le colonel Cazeau en sortait pour se rendre aux Irois où il devait rester pendant deux jours.

L'armée populaire avait considérablement souffert ce jour-là. Elle avait été exposée à toute l'ardeur du soleil sur la grande route, privée d'eau et ne mangeant que le peu de nourriture que pouvaient lui apporter les femmes de la ville. Aussi, pendant un instant, parlait-elle de forcer l'entrée; et, sans la modération de ses chefs, on aurait eu peut-être des malheurs à déplorer.

Le lendemain, le général Hérard communiqua au général Lazarre une idée qui lui vint : c'était d'aller après l'armée de

Cazeau aux Irois, et tâcher de rallier autant de soldats que possible, en profitant de la bonne disposition qu'ils avaient montrée à l'Anse-d'Ainault.

Le général Lazarre approuva cette disposition, et remit au général Hérard sa division; Hérard arrive aux Irois, où il rencontre le colonel Cazeau; son armée, qui ne s'attendait pas à être poursuivie, se jette dans une telle confusion, qu'une grande partie se trouve dans les rangs de l'armée populaire sans pouvoir se reconnaître; enfin, pendant un moment, les deux armées n'en font qu'une. Le colonel Cazeau va se retrancher dans le fort des Irois, et appelle à lui les siens; mais voyant qu'il ne pouvait pas compter sur eux pour un combat, puisque beaucoup étaient déjà dans les rangs de l'armée populaire, il députe auprès du général Hérard le capitaine Bataille, pour lui demander s'il veut tenir la promesse qu'il lui avait faite précédemment de le nommer général; mais Hérard lui fait dire qu'il n'est plus temps de transiger, et qu'il ait à se défendre. Sur cette réponse, le colonel Cazeau quitte le fort et prend la route de Tiburon. Le capitaine Samedi Thélémaque, qui se montra très-bien au combat du n° 2, fut fait prisonnier aux Irois avec plusieurs autres officiers, et conduit à l'Anse-d'Ainault.

Le général Hérard, pensant que le moment était opportun pour rallier à lui cette armée dont les dispositions paraissaient si favorables, la poursuivit jusqu'à Tiburon. Là, en effet, il prit plus de 200 hommes, 100 fusils, 200 paquets de cartouches et 50 chevaux. Après avoir rationné les prisonniers, le général Hérard les renvoya rejoindre leur armée. Le colonel

Cazeau ayant poursuivi sa route jusqu'aux Anglais, le général Hérard retourna à l'Anse-d'Ainault.

Un moyen certain de prendre l'armée du colonel Cazeau dans la montagne de Tiburon avait été imaginé. Camby et Antoine Pierre avaient été chargés de se porter avec 100 hommes, par des chemins détournés, à un endroit très-étroit de la montagne, et de le creuser de manière qu'il n'y eût plus de voie. Ce plan ayant été mal exécuté, ou plutôt pas exécuté du tout, l'armée put arriver à Tiburon.

Le général Lazarre, en apprenant que le général Hérard avait refusé le grade de général au colonel Cazeau, pensa ramener son ancien camarade d'armes en lui envoyant un brevet de général de division et en l'engageant, en des termes très-pressants, à servir plutôt la cause du peuple que celle d'un seul homme. Cette lettre et le brevet lui furent apportés par Guerrier Mousignac et Lowell, médecin étranger, qui, par humanité, avait suivi l'armée populaire. Ils ne rencontrèrent le colonel Cazeau qu'aux Anglais. Lowell avait été le médecin du colonel Cazeau quelquefois; il pensait par suite pouvoir lui faire comprendre quel était le véritable état de la révolution. Mais après la lecture de la lettre et du brevet, il fit conduire les deux envoyés du général Lazarre aux Cayes, où de noirs cachots les attendaient. Plus tard ils furent jugés par une commission militaire et condamnés à mort.

Les nouvelles de Jérémie annonçaient que le colonel Désiré, à la tête d'une forte colonne, avançait sur cette ville par les Plimouths, en même temps que le général Mallet se dirigeait sur le Corail avec des forces considérables. La situation devenait critique pour Jérémie. Aussi l'armée populaire ne prit-elle aucun repos; à peine de retour de Tiburon à l'Anse-d'Ainault, il lui fallut marcher vers Jérémie.

Beaucoup de jeunes gens de la garde nationale de Jérémie ou du 17e régiment, qui étaient malades ou trop fatigués pour reprendre la route à pied, furent embarqués sur le bateau du capitaine Dardignac, qui avait apporté à l'Anse-d'Ainault des provisions pour l'armée. Ils furent rencontrés et pris par plusieurs bâtiments armés du président Boyer, qui se rendaient aux Cayes. Des Cayes ils furent transférés dans les prisons de Saint-Louis, où ils restèrent jusqu'à ce que l'armée populaire vînt les délivrer.

Déjà, à l'annonce que deux armées se dirigeaient sur Jérémie, Geffrard, qui y était resté, s'était mis à la tête des forces dont la ville pouvait disposer alors, y compris ses 150 hommes. Il se rendit au Corail, où l'ordre avait été envoyé de mettre à sa disposition toute la garde nationale.

Corail et Pestel avaient été organisés; les citoyens de ces deux communes avaient déjà pris une part très-active dans la révolution. On peut s'assurer de leurs bonnes dispositions, dès le principe, d'après la lettre suivante que le colonel Millien, commandant le Corail, écrivait à son ami, le commandant Philippeau, au petit trou de Baradères.

« Mon cher compatriote,

« Je viens de recevoir votre lettre en date du 4 de ce mois, « par laquelle vous me demandez des nouvelles de ce qui se

« passe ici. Voici, mon ami, celles que je puis vous donner.

« Le peuple a revendiqué ses droits trop longtemps méconnus, et veut, par un effort héroïque, reprendre l'exercice de sa souveraineté, en proscrivant le machiavélisme le plus avilissant qui pesait sur lui.

« Fort de sa puissance, le peuple marche avec confiance à la conquête de ses droits imprescriptibles, en invitant ses amis les vrais patriotes à se joindre à lui pour cette sainte cause, tout en considérant ceux qui voudraient s'opposer à l'élan sublime qu'il donne en ce moment au monde entier comme traîtres à la patrie.

« Connaissant votre patriotisme, je vous engage à saisir cette circonstance pour vous joindre à l'armée populaire; par cette noble conduite vous ajouterez à vos antécédents. Quant à la déroute du commandant Rivière, dont vous me parlez, je puis vous assurer le contraire.

« Relativement à la marche du général Inginac, qu'elle soit vraie ou fausse, nous ne nous en inquiétons pas. Le peuple, dont tout émane, doit imposer silence; et, de même que la tête orgueilleuse du chêne plie sous l'orage qui l'abat, tout doit céder à son empire. Je vous apprendrai également que le général Ségrétier, loin d'être prisonnier, a embrassé avec chaleur la cause de notre régénération avec son collègue le général Lazarre. Ces nobles vétérans ont juré avec le peuple, sur l'autel de la patrie, de verser la dernière goutte de leur sang pour soutenir la plus puissante comme la plus belle des entreprises.

« Au moment où je vous écris, j'apprends que le général

« Lazarre est à la tête de l'armée, général de division, com-
« mandant l'arrondissement de la Grand'Anse. Le général Sé-
« grétier a été également fait général de division et membre du
« gouvernement provisoire.

« Recevez, mon ami, l'assurance de ma parfaite considéra-
« tion, etc. »

Comme on voit, la révolution avait posé le pied sur le territoire ennemi, jusqu'au petit trou des Baradères où on en connaissait déjà le succès, grâce à la lettre pleine de chaleur d'un vétéran de nos anciennes gloires [1].

A Pestel, le colonel Rock, les citoyens Borrély et Benne avaient mis sur pied la garde nationale, qui, jointe aux forces qu'avait déjà le colonel Geffrard, porta son armée à environ 800 hommes. Avec cette force il se porta au camp Lessieur, pour barrer le passage à l'armée du général Mallet, qui comptait 2,000 hommes. Il prit position à Lessieur, à quatre heures de l'après-midi, où il trouva l'avant-garde de l'armée ennemie forte de 151 hommes. Après que le but de la révolution leur fut expliqué par N. Paret et Geffrard, ils se rallièrent à eux sans peine. A huit heures du soir, arrivèrent au camp Placide David et Desbrosse, qui avaient évacué Miragoane et qui connaissaient les forces de l'ennemi. Ils persuadèrent au colonel Geffrard qu'il allait être attaqué, et qu'il lui serait impossible de résister à des forces aussi considérables. Les citoyens N. Paret et R. Rouzier étaient venus, de la part du comité de Jérémie, s'assurer des forces et des dispositions de l'ennemi. Geffrard

[1] Le colonel Millien était un des promoteurs de notre indépendance.

tint conseil, et il fut résolu que, vu l'infériorité du nombre et le mauvais état des armes de notre côté, il était prudent d'évacuer Lessieur pour le présent; et, profitant de l'obscurité, Geffrard ramena son armée à Pestel[1].

Pestel est un point militaire important : placé entre deux montagnes très-élevées, n'ayant pour entrée qu'un très-petit espace, nos braves s'y trouvaient bien. Ils s'y fortifièrent, et placèrent une pièce de campagne pour en défendre l'entrée.

Les comités du Corail et de Pestel avaient fait beaucoup d'efforts pour trouver les moyens de défendre leurs communes contre l'envahissement des armées ennemies, jusqu'à ce que la grande armée pût les secourir. Plusieurs citoyens de Miragoane avaient été forcés de quitter leur ville de crainte d'être arrêtés, et ils étaient venus rejoindre l'armée populaire à Pestel. C'étaient : Racine, Desbrosses, Normil Dubois, William, David Placide et d'autres, tous citoyens braves et dévoués à la révolution. Après leur réunion avec Geffrard, ils l'avaient aidé à organiser les moyens de défense.

Cependant il n'était pas possible de rester longtemps à Pestel; c'eût été une faute grave, parce que toutes les routes restant libres, cela facilitait le passage aux armées envahissantes. Geffrard dut donc se porter à la rivière Grâce, pour tenir en échec la colonne du colonel Désiré, pendant que quel-

[1] Dans les différentes campagnes de la révolution, le colonel Geffrard avait fait preuve d'un sang-froid et d'un esprit de sagesse qui le firent remarquer de tous ses compagnons d'armes, de même que, plus tard, dans une retraite d'une campagne contre l'Est, il s'acquit la considération de l'armée par les mesures sages en même temps qu'énergiques qu'il prit pour opérer cette retraite avec ordre.

ques troupes bien fortifiées arrêteraient le général Mallet. Saint-Cyr Débrosses a commandé un de ces remparts, où il a rendu de grands services à l'armée populaire.

Le colonel Désiré attendait des nouvelles du général Mallet, pour se mettre en marche et le rencontrer au point qui serait convenu entre eux. Il n'avançait pas faute de nouvelles, et il n'en recevait pas parce que les routes étaient gardées par les patriotes. Dans cet état, Geffrard se présente à lui avec sa petite armée, et lui envoie des parlementaires pour le porter à embrasser la cause de la révolution ; le colonel ne se décidait pas ou renvoyait sa décision. Le citoyen Adolphe Petit s'exposa, et fit beaucoup auprès du colonel Désiré pour le déterminer ; ce qui fit dire à quelques vieux militaires qui étaient avec lui : « On voit bien que ces jeunes hommes ignorent les ruses de guerre ; voyez comme ils s'exposent. » Cependant le colonel Désiré insistait pour que Geffrard lui donnât passage, pour qu'il allât rejoindre le général Mallet ; mais Geffrard avait réussi peu à peu à démoraliser son armée en donnant des vivres aux soldats, ce dont ils avaient grand besoin. Enfin, résolu d'en finir avec le colonel Désiré, Geffrard demande un jour à son armée vingt hommes de bonne volonté qui veuillent l'accompagner au camp de Désiré. Aussitôt il sort des rangs de la compagnie du capitaine Dégraffe vingt jeunes gens de Jérémie, de ceux-là qui avaient juré de mourir pour la cause qu'ils avaient embrassée. Geffrard arrive dans le camp de Désiré avec ces vingt braves ; il y avait à cheval avec lui Dégraffe, C. Laraque et Perpignand.

Désiré s'étonne de cette audace, et lui demande s'il ne s'expose pas trop en venant avec vingt hommes dans un camp de plusieurs mille. Geffrard lui dit que ces vingt hommes sont mis hors la loi, qu'ils n'ont de salut que dans leur détermination, et qu'ils sont disposés à vendre chèrement leur vie. Le colonel Désiré admire ce noble courage, et laisse entrevoir qu'il n'est pas contraire à la révolution. On finit par arrêter que le lendemain au point du jour le colonel aurait le passage libre, parce qu'alors il aurait été pris par la division Lazarre, qui se trouvait au camp Thomas. Mais loin de prendre le passage, le colonel Désiré fait battre le rappel de bon matin, et se met en route pour les Cayes. A ce moment, plusieurs centaines de ses soldats le quittent, et vont grossir le petit corps de Geffrard. On sut plus tard que le colonel Désiré, et les autres officiers supérieurs qui étaient avec lui, voulaient passer dans nos rangs; mais la crainte de faire supporter à quelques jeunes gens du petit Goave, qui les avaient suivis aux Cayes, le poids de leur défection les arrêta.

Pendant que ces choses se passaient aux Plymouths, le gros de l'armée populaire, c'est-à-dire les divisions Lazarre et Hérard, avaient quitté Jérémie et cantonnaient au carrefour Thomas, ainsi que nous venons de le dire. Cette position était bonne, car elle gardait toutes les issues par lesquelles l'ennemi pouvait déboucher.

Le général Mallet, qui commandait l'armée de Lessieur, venait d'être relevé de ce commandement; il avait été soupçonné d'être favorable à l'armée populaire, pour avoir négligé de se porter en avant depuis plusieurs jours qu'il tenait cette position. Le commandement en avait été donné au colonel Lamarre, qui avait prévenu l'armée qu'elle eût à se tenir prête le lendemain pour marcher sur Pestel.

Les citoyens Saint-Cyr Débrosses et Foucaud Bernard, qui se trouvaient dans le rempart le plus voisin du camp ennemi, ayant appris que le général Mallet venait d'être relevé et que le colonel Lamarre montrait des dispositions hostiles, demandèrent du secours aux chefs de l'armée populaire; Saint-Cyr Débrosses vint en personne leur parler. Dorvillier Bruneau fut envoyé avec son bataillon de la garde nationale des Abricots, pour se placer à l'avant-garde. Il fut mis dans un de ces forts que les citoyens de Pestel avaient construits, et dans lesquels on peut se défendre contre des forces supérieures. Ce fort était situé au carrefour Espère.

Le lendemain 21 février, au point du jour, le colonel Lamarre prit ses dispositions pour culbuter notre avant-garde et gagner la route de Pestel, où il comptait entrer le jour même. Mais Dieu avait marqué son terme. Lamarre devait payer de sa vie les succès de l'armée populaire. Déjà son armée commençait à comprendre qu'elle ne devait pas se mesurer contre ses frères; la cause des patriotes était la sienne; leurs souffrances étaient communes comme leurs besoins; elle murmura quand le chef parla d'attaque, mais elle le suivit par obéissance. Lamarre dirige son armée tout juste vers le rempart où Dorvillier était retranché; à quelques pas, Dorvillier lui crie de faire halte. Il arrête sa troupe en effet, mais il avance seul, s'assied même sur le rempart et se met à questionner Dorvillier. Celui-ci lui dit le motif de la prise d'armes et la résolution du peuple à revendiquer des droits que le gouvernement lui avait depuis si longtemps refusés par les voies légales. Le colonel tâche de lui persuader de mettre bas les armes, et l'engage à adresser une pétition au pouvoir qui ne manquerait pas de faire droit à la demande du peuple. Dorvillier lui répond qu'il n'y a plus rien à espérer d'un pouvoir qui a si souvent chassé de la Chambre les députés du peuple, et que le peuple reprend aujourd'hui sa souveraineté. Alors arriva le jeune Richard Germain, capitaine au bataillon de Dorvillier, et que celui-ci avait fait appeler pour entretenir Lamarre pendant que lui Dorvillier irait parler aux autres officiers. Lamarre dédaigne de parler à un si jeune homme, et l'insulte même. Mais Richard, d'un ton respectueux et ferme, lui parle plus hardiment encore que l'avait fait Dorvillier. Les officiers qui entourent le colonel l'apostrophent à leur tour et veulent lui imposer silence, en lui disant que son grade est trop inférieur pour qu'il ose parler ainsi à un colonel. Dorvillier revient; cette fois lui et le colonel se reconnaissent pour Léoganais. Lamarre lui dit : « Eh quoi ! la garde nationale aussi a « des drapeaux? — Ce sont tous des soldats citoyens, lui « répond Dorvillier; et les couleurs nationales leur appar- « tiennent aussi. Ces drapeaux que vous voyez, ils ont juré « de les défendre[1]. » Lamarre, voyant qu'il n'y a rien à gagner avec le chef, s'adresse aux soldats et parvient à faire crier à quelques-uns : *Vive le président d'Haïti!* Mais Dorvillier les contient en les rappelant à leur dignité. Alors, Lamarre

[1] A cette époque la garde nationale n'avait pas de drapeaux. Ce n'est que depuis la révolution qu'elle porte l'oriflamme.

poussé à bout, se désespère; il saisit Dorvillier au collet, et détourne la tête en demandant des cordes à ses soldats. Dorvillier ne se possède plus à l'idée de se voir garrotter comme un criminel; il tire son pistolet de sa poche, et l'appuyant aux reins de Lamarre, lâche le coup qui le renverse en dehors du rempart. L'armée entière fait feu sur le bataillon de Dorvillier; il tombe lui-même et Richard reçoit aussi six balles. Les sapeurs de Lamarre portèrent à Dorvillier plusieurs coups de hache à la tête qui achevèrent de le tuer. Son bataillon, dont les armes n'étaient pas chargées jusque-là, eut à peine le temps de répondre au feu vigoureux de l'ennemi et de sauver les corps des deux officiers. L'ennemi fit 13 prisonniers de ce bataillon qu'il conduisit à Lessieur, où le corps du colonel Lamarre fut transporté. Les deux armées avaient perdu une vingtaine d'hommes à ce combat. Le 17e régiment, à la tête duquel était le commandant Marcel, se trouvait en face du colonel Maignan, qui commandait le 15e régiment. Les mots : *Ne tirez pas!* se font entendre de toutes parts, et les deux chefs parlementent. Le colonel Maignan se trouvait le commandant en chef de l'armée depuis la blessure du colonel Lamarre. Il engage donc le commandant Marcel à faire venir les chefs de l'armée populaire pour s'entretenir avec eux; Marcel écrit à cet effet.

Pendant que ces deux corps se tenaient ainsi en échec, une colonne de l'armée populaire, composée d'un bataillon de la garde nationale de Jérémie, sous les ordres du commandant Phipps, et d'un bataillon du 18e régiment de l'Anse-d'Ainault, sous les ordres du commandant Codiau, se dirigeait sur Lessieur. L'armée de Lessieur s'était formée en bataillon carré, et semblait disposée à se défendre. Mais dès que les forces qui étaient venues le matin au secours de Dorvillier se trouvèrent en face du camp, les mots magiques : *Ne tirez pas! ne tirez pas!* se font encore entendre, et les deux armées redressent leurs armes. En ce moment, le jeune Alexandre Arbusnoth, de Jérémie, s'élance dans le camp en criant : « Mes frères, pou- « vons-nous nous entre-tuer pour une cause qui doit être « commune? La patrie vous est-elle moins chère qu'à nous? » Et il embrasse successivement tous ceux qui l'environnent. Alors la colonne commandée par Codiau et Phipps pénètre au camp et se mêle à l'armée de Lessieur.

On assure que, dans ce moment, le commandant Hoche Villebon, voyant que l'armée populaire entrait dans le camp, fut demander au colonel Lamarre ce qu'il fallait faire dans la circonstance; celui-ci lui répondit : « Il paraît que j'étais le « seul obstacle au succès de la révolution; maintenant joignez- « vous à l'armée populaire; elle entrera au Port-au-Prince; « dans deux heures je ne serai plus; je vous recommande mon « corps. » Pendant que le colonel Lamarre parlait ainsi au commandant Villebon, les cris de : *Vive l'armée populaire!* se faisaient entendre dans le camp. Le général Hérard en prenait possession avec le reste de sa division; les 15e et 17e régiments, qui s'étaient entendus, y arrivaient en même temps.

Le général Lazarre était resté au carrefour Thomas avec sa division, pour y attendre la colonne du colonel Désiré qui devait déboucher par là, d'après ce que nous écrivait Geffrard de la Rivière-Grâce; en sorte qu'il ne put arriver à Lessieur que dans l'après-midi.

Le général Hérard, apprenant que d'autres troupes étaient cantonnées au Fond-Palmiste, dans le but de se réunir aux forces de Lamarre, ne perdit pas de temps à Lessieur. Il partit immédiatement après la prise de possession, et s'en alla rallier à la cause du peuple ces soldats citoyens.

Le général Lazarre fit rassembler tous les chefs de l'armée de Lamarre, et les entretint longuement sur les motifs et le but de la révolution; ils lui assurèrent qu'ils appelaient depuis longtemps de leurs vœux la régénération dont ils voyaient l'aurore avec tant de joie.

Les agents du président Boyer avaient fait accroire à tous les corps d'armée expédiés contre Jérémie qu'ils avaient à combattre l'étranger qui avait débarqué sur ce point.

Toutefois, la cordialité la plus franche régna aussitôt entre les deux armées. Le général Lazarre organisa l'armée de Lessieur. Le 20e régiment eut pour colonel, en remplacement du colonel Lamarre qui venait d'expirer, le brave citoyen Hoche Villebon. Le colonel Maignan, qui avait eu une grande part dans la réunion des deux armées, resta toujours colonel du 15e régiment.

La garde nationale de Léogane eut aussi pour colonel le citoyen Diacou, et pour chef de bataillon le citoyen Tham.

Le 22 février, à cinq heures du soir, le citoyen Ophile Glaude arriva en toute hâte à Lessieur, porteur de lettres du comité de Jérémie, qui nous demandait des forces pour garder cette ville, menacée par le général Richet, qui commandait alors l'armée du colonel Cazeau, dont la force avait été considérablement augmentée.

Le 23 au matin, le général Lazarre passa ses troupes en revue, et leur parla de la marche du général Richet contre Jérémie. Il leur dit que Jérémie étant la capitale de la révolution, il fallait défendre ce point important, qui renfermait d'ailleurs toutes les ressources de l'armée. Ces braves citoyens, qui avaient si franchement embrassé la cause de la réforme, promirent au général Lazarre de marcher avec lui et de combattre désormais ceux qui voudraient s'opposer aux progrès de la révolution.

Ce jour, en effet, l'armée se mit en route pour Jérémie et coucha au Corail. Le lendemain soir 24, elle fit son entrée à Jérémie au milieu d'une brillante illumination et aux cris de : *Vive le général Lazarre ! Vivent les patriotes !*

La célérité que le citoyen Ophile Glaude avait mise à apporter les lettres du comité de Jérémie n'a pas peu contribué à sauver la ville, car ce soir du 24, l'armée expéditionnaire couchait aux Abricots.

CHAPITRE VII

SOMMAIRE. — L'armée des Anglais se remet en marche pour Jérémie. — Combat de la ravine des Sables. — Combat du nº 2. — Départ pour les Cayes. — L'armée populaire fait son entrée dans cette ville. — Son avant-garde est à Miragoane et bientôt à Léogane, dont le combat lui ouvre les portes de la capitale.

Pendant que l'armée populaire obtenait ainsi de grands succès, le comité dirigeant à Jérémie ne négligeait rien pour faire connaître la révolution à toutes les autres parties de l'île. Le capitaine Michel Alcéguer avait entrepris de pénétrer dans la rade du Port-au-Prince, et de faire parvenir aux patriotes de cette ville la connaissance du véritable état de la révolution, que le gouvernement défigurait toujours. Aux Gonaïves, des nouvelles en avaient été apportées par le même Michel Alcéguer ; mais aucun secours ne nous venait de nulle part. Le citoyen T.-B. Smith avait été expédié pour la Jamaïque, afin d'y négocier un achat d'armes et de munitions ; mais il n'arrivait pas. Les fonds du trésor seuls avaient été augmentés de 6,000 gourdes, prises dans les premiers jours de la révolution à Pestel, sur une barge de l'État commandée par le capitaine Lafiteau ; puis de 850 gourdes trouvées à Lessieur. Mais en retour, les besoins augmentaient aussi considérablement ; l'armée grossissait chaque jour, et les consommations étaient devenues exorbitantes. Enfin, le moment qui devait décider du sort de Jérémie, et par conséquent de la révolution, approchait.

Le colonel Cazeau, qui était constamment resté aux Anglais depuis qu'il avait quitté l'Anse-d'Ainault, avait reçu de grands secours des Cayes. Son armée avait été renforcée des 14e et 25e régiments, de la garde nationale des Cayes et de celles d'Aquin et de Cavaillon. Tous ces corps réunis pouvaient mettre cette armée à 2,500 hommes. Le général Richet était venu en prendre le commandement ; il avait avec lui les colonels Souffrant et Lelièvre. Telle était la nouvelle composition de cette armée qui avait ordre de s'emparer de Jérémie et de décider du sort de la révolution.

Le général Richét s'était mis en mouvement, et avait quitté les Anglais pour se rendre à l'Anse-d'Ainault. Il y était à peine depuis deux jours, quand le général Solages arriva des Cayes, lui apportant l'ordre d'y retourner et un brevet de général au colonel Cazeau. Le général Solages, commandant en chef l'expédition, se mit en marche pour Jérémie. Le comité, qui était instruit de tous les mouvements de cette armée, venait d'envoyer aux Abricots un de ses membres, le citoyen Numa Paret, pour conférer avec le colonel Welche sur les moyens d'arrêter sa marche jusqu'à l'arrivée de la division Lazarre. Étant aux Abricots, Numa apprend que l'armée avance, et il se rend vite à Jérémie pour l'y annoncer. Le peu d'hommes qui y étaient en ce moment furent réunis à la ravine des Sables, pour y construire un rempart qui pût disputer le passage à l'ennemi. Le commandant Corbé était chargé de ce travail; mais le soir du 24, il fut rappelé en ville, et en laissa l'exécution au citoyen Jacques Rey, secondé par le citoyen Numa Paret. De grand matin, on se mit à couper les bois nécessaires à la construction du rempart et à les mettre en place. Nos braves s'excitaient par des chants patriotiques, plaçaient les pieux et faisaient les meurtrières. Le citoyen Rey, chef du poste, avait sous ses ordres des dragons, dont il se servait pour éclairer la route et donner les nouvelles qu'ils apprendraient de l'ennemi; celui-ci avait couché la veille aux Abricots, à sept lieues et demie de Jérémie. A onze heures du matin, les cavaliers vinrent annoncer au poste que l'ennemi était à deux pas et s'avançait en silence. Rey les envoie en porter la nouvelle en ville. Le travail n'était pas encore achevé; on plantait les derniers pieux, lorsque l'ennemi parut. Chacun quitte sa hache ou sa manchette pour courir aux fusils, et on borde le rempart. Il avait fallu se diviser en deux postes, pour empêcher l'ennemi de prendre un ancien chemin, difficile il est vrai, mais qui pouvait lui servir à tourner le rempart. Là les arbres furent abattus seulement, et le capitaine Boubon Cupidon y fut placé avec quelques braves. Le capitaine Rey avait pour lieutenant le sergent Toussaint Lindor, dont la pratique a beaucoup servi dans la circonstance.

Les choses étant ainsi disposées, l'avant-garde de l'ennemi paraît; il met déjà les pieds sur les premiers degrés de la rampe qui conduit au poste, mais on lui crie : « Halte ! » Il s'arrête.

Le général Cazeau qui commande cette avant-garde demande à voir l'officier du poste; Rey se présente. Le général refuse de le reconnaître en cette qualité, parce qu'il n'a pas d'insignes (il portait un schako et avait un fusil à la main). Il assure cependant au général qu'il est le commandant du poste, et qu'il est prêt à conférer avec lui. « Donnez-moi le passage, dit le général Cazeau. — Je ne puis vous l'accorder, répond le capitaine Rey, sans les ordres du général Lazarre qui va arriver incessamment. — Qui êtes-vous, réplique le général, pour oser vous opposer à mon passage? — Je suis de l'armée populaire, dit Rey. Et vous, qui êtes-vous? demanda-t-il au général. — Armée du président Boyer, répond celui-ci; et puisque le général Lazarre ne paraît pas encore, je ne puis plus attendre. Tambours, raidissez vos caisses, et qu'on m'enlève ce poste l'arme au bras. — Attendez un peu, dit encore le capitaine Rey, le général Lazarre va venir, je l'ai fait appeler. — Je suis fatigué d'attendre, dit Cazeau. » Et les tambours et la musique de sonner la charge.

Le moment est décisif; l'ennemi n'attaque pas, mais il avance au pas de charge. Que feront les patriotes? Ils n'ont jamais voulu être agresseurs dans la révolution; ils ont toujours voulu conquérir par la force du raisonnement et jamais par la voie des armes. Cependant leurs jours sont en péril; si ce poste est enlevé, Jérémie sera peut-être prise et la révolution perdue. Ils ne délibèrent plus; ils vont agir; les soldats pressent leur chef, et lui demandent l'ordre de faire feu. Alors Rey regarde Numa qui était à quelques pas de lui, comme pour lui demander ce qu'il en pense; celui-ci répond par un mouvement de tête. « Feu ! » dit Rey, et une décharge terrible se fait entendre; beaucoup d'hommes du premier peloton ennemi tombent, et sont bientôt remplacés par cette masse qui se mesure contre une trentaine d'hommes. Des feux de bataillon sont lancés sur les remparts ; mais les balles portent à faux, vu la situation. Trois fois l'armée tente l'assaut, et trois fois elle se replie sous le feu meurtrier du rempart, dont tous les coups portent juste.

Le combat durait déjà depuis environ deux heures, quand le feu cessa de part et d'autre; l'ennemi profita de ce moment pour mettre ses blessés à l'abri et transporter ses morts hors du champ de bataille; ils étaient environ trente, sans compter ceux qui moururent des suites de leurs blessures.

Enfin l'ennemi, ayant découvert un sentier à gauche du rempart, était parvenu à le tourner et allait prendre nos braves en flanc, lorsqu'un factionnaire placé pour veiller à cet endroit donna le signal de l'évacuation. Un instant auparavant, le capitaine Rey avait fait l'inspection des gibernes, et n'y ayant trouvé que deux cartouches à chaque homme, il avait proposé l'évacuation, afin d'avoir de quoi se défendre s'il venait à être surpris sur la route; mais le citoyen Jean Carré lui avait dit qu'il était décidé, pour sa part, à ne quitter le poste que quand il aurait brûlé sa dernière cartouche. « Eh bien! avait répondu Rey, brûlons notre dernière cartouche; » et ils n'évacuèrent leur position que lorsque les munitions leur manquèrent et qu'ils se virent en danger d'être pris. Voici les noms des hommes qui quittèrent ce poste : Rey, Toussaint Lindor, Jean Carré, Guillaume Tonni, Bienaimé Gibossé, Dominicain Dominique, Jeanty Jean, Samedi Augustin, Désiré César, Jean Joseph, Étienne Pratt, Paul Mani, Bélizaire Limpie, Pierre Sans-Souci, Diville Jean-Guillaume, Bonbon Cupidon, Adherbal Page, William Segros, Eusèbe Piau, Nerva Lataillade, Jacques Lubin, Lausu Philibert, Bordes, Romain-Laurent Gérard, Voltaire. Un seul homme (Jacques Lubin) mourut des suites d'une blessure au pied occasionnée par le feu qui avait pris à une giberne.

Cependant, vers midi, la nouvelle du combat du rempart était parvenue à Jérémie. Dans ce moment, le comité faisait servir un beau repas aux officiers de la division Lazarre, arrivée la veille au soir. Le canon d'alarme et le roulement du tambour apprirent à tout le monde que la ville était en péril. Aussitôt les cris : « Aux armes ! » se font entendre. L'armée est sur pied et prend bientôt la route de la ravine des Sables. Arrivée au n° 2, elle joint l'armée expéditionnaire qui marchait à grands pas sur la ville. A la vue de l'ennemi, le général Lazarre s'arrête, et après un moment d'observation, il envoie le bataillon du 18e et celui du 20e régiment qui étaient avec lui, par un chemin détourné, couper la retraite à l'ennemi, en aboutissant au carrefour Desbarras. Cette manœuvre avait pour but de mettre l'ennemi entre deux forces, et décider par là tous ceux de ses rangs dont les intentions étaient connues à passer dans l'armée populaire. Pendant ce temps, le général Solages avait mis son armée sur deux haies et s'était avancé entre elles en parlant à la nôtre. Nous n'entendions pas ce qu'il disait, et nous ne le reconnûmes pas d'abord, parce que nous pensions encore que cette armée était commandée par le général Richet. Cependant l'adjudant-major

Fleury-Leblanc, du 15e régiment, croit reconnaître le général Solages et offre d'aller s'assurer du fait. Il va en effet, et vient affirmer que c'est bien lui. Le général Lazarre veut envoyer auprès du général Solages pour connaître ses intentions. On propose un des membres du gouvernement populaire, le citoyen Féry. Mais il convient mieux, dit-on ailleurs, que ce soit un aide de camp, et le général donna l'ordre à un de ses aides de camp (F.-E. Dubois) d'aller avec l'adjudant Leblanc parler au général Solages. Les envoyés lui rendent compte des succès qu'avait obtenus la révolution et lui parlent de l'affaire de Lessieur. « Lamarre est donc mort ! dit le général Cazeau. — « Il est mort, répond l'aide de camp, et l'armée que vous « voyez ici est en partie la sienne. — Il est mort, dit Fleury « Leblanc, d'une blessure qu'il reçut à mes côtés. — Je le « savais, dit le général Solages. — Où est Rivière? demande « le général Cazeau à l'aide de camp. — Il doit être à l'heure « qu'il est, répond celui-ci, à Miragoane, avec une forte « armée. » Enfin, parlant de la révolution, le général Solages dit à l'aide de camp : « J'ai bien appris qu'un manifeste a été « rédigé, en vertu duquel on fait la révolution ; mais pour- « quoi ne m'a-t-il pas été communiqué, ne suis-je pas aussi « du peuple ? » Le général Cazeau dit la même chose. « Je « suis fâché, Messieurs, qu'il ne vous ait pas été présenté, « répond l'aide de camp ; mais je puis vous assurer qu'il est « accepté par tout le pays, témoins les progrès sans cesse « croissants de la révolution. » Il finit par proposer au général Solages de se rendre avec lui dans le camp de l'armée populaire, où le général retrouverait ses anciennes connaissances de Jérémie, et où il s'assurerait par lui-même du véritable état des choses. « Pourquoi le général Solages ferait-il seul tous « les pas? dit le général Cazeau; que le général Lazarre fasse « la moitié de la route et le général Solages fera le reste. » Le général Solages accepte la proposition, et dit aux envoyés de la rapporter au général Lazarre. Mais on décide que, bien qu'il n'y ait rien à craindre des généraux ennemis, il n'est pas prudent que le chef d'une armée révolutionnaire s'expose trop.

Pendant que ces choses se passaient entre les deux armées, la colonne qui devait couper la retraite à l'ennemi avait pris position. Après une demi-heure d'attente, le général Solages fait faire une retraite silencieuse à son armée. Le général Lazarre voit cette manœuvre : « En avant! au pas de charge! » dit-il au colonel Maignan qui était à l'avant-garde, et l'armée populaire se meut au son du tambour. L'ennemi s'arrête un instant et nous présente un front très-épais; mais les patriotes avancent toujours, et, à une portée de la pièce d'artillerie, le général Lazarre ordonne le feu : le coup part; l'ennemi répond par une vigoureuse décharge de bataillon. Alors un feu bien nourri continue des deux côtés. On remarque que le cheval du général Cazeau est blessé; lui-même tombe un instant après, et son cheval est pris par le capitaine Jacquet de la gendarmerie de Jérémie. Il était cinq heures du soir quand le combat commença, et le temps étant très-calme, en moins d'un quart d'heure il ne fut plus possible de se reconnaître dans l'épaisseur du brouillard formé par la fusillade. Pendant un instant, notre armée recule; mais le général Lazarre tire son sabre et la ramène au feu. La colonne qui avait pour mission de couper la retraite à l'ennemi avait aussi donné dès qu'elle avait entendu le premier coup de canon. Elle était dirigée par les colonels Hoche Villebon et Dényon et le chef de bataillon Mouras. L'ennemi fuyait en désordre, laissant des morts, des blessés et des armes. Le combat avait été terrible et avait duré jusqu'à la nuit. Le général Lazarre la passa sur le champ de bataille, où 600 hommes de l'armée expéditionnaire vinrent le trouver le lendemain.

Il serait difficile de dire au juste le nombre de morts et de blessés qu'il y eut dans ce combat, car pendant plusieurs jours, après ce 25 février, on trouvait des morts dans tous les bois environnants. On l'a estimé à 200 hommes de part et d'autre. Les dames de Jérémie donnèrent encore dans cette circonstance un bel exemple de fraternité. Beaucoup allèrent sur le champ de bataille, le lendemain du combat, ramasser les blessés et enterrer les morts; leurs maisons furent autant d'hôpitaux où des frères malheureux reçurent tous les soins qu'exigeait leur état.

Le général Lazarre, ayant ramené son armée à Jérémie où elle devait se reposer quelques jours pour reprendre la route des Cayes, lui adressa une proclamation pour lui dire de se tenir prête à marcher là où il le faudrait pour terminer ses glorieux travaux.

Une goëlette armée et chargée de provisions venue des Cayes jetait l'ancre ce jour-là dans la rade de Jérémie, croyant que cette ville était au pouvoir du général Solages. Elle vit bientôt sa méprise et reprit le large; mais le fort de la

Pointe lui lança plusieurs boulets et de la mitraille qui firent une blessure au capitaine qui la commandait, par suite de laquelle il mourut. Nous avons déploré cette perte, car le capitaine Samedi était un citoyen brave et un homme de bien.

Vers cette époque, parut dans le sud cette comète si large qu'elle n'a jamais eu sa pareille jusqu'à ce jour. Dans le même temps, la *Pacification*, bâtiment de guerre du gouvernement, quittait nos eaux dans lesquelles elle s'était tenue pendant une quinzaine de jours. Ainsi l'horizon de la révolution, si on peut s'exprimer ainsi, s'éclaircissait chaque jour.

Étonnante similitude ! Ce 25 février fut le jour marqué pour le triomphe complet de la révolution. « Ce jour, dit le journal « *le Manifeste* du 16 avril 1843, pendant que le président « Boyer passait en revue le reste de son armée sur la place « Pétion, son chapeau lui était tombé trois fois des mains de« vant la tombe du grand citoyen : son étoile avait pâli. »

Le général Hérard, de son côté, obtenait des succès brillants. En quittant le camp Lessieur pour aller à la poursuite du 30e régiment qui devait se trouver au Fond-Palmiste et qui rebroussait chemin, il ne s'arrêta qu'aux Baradères. Là il prit le commandant Bruno Pic de Per, les officiers Bélisle Sureau, Legoûté et Saint-Dic, qui apportaient 2,000 gourdes en monnaie au colonel Lamarre à Lessieur. Il avait fait prendre aussi à la rivière Salée une barge chargée de vivres et de munitions destinés également au colonel Lamarre.

Apprenant que le 30e avait fait jonction avec le 9e régiment et qu'ils se retiraient tous deux à l'Anse-à-Veau, Hérard, sans prendre de repos, les poursuit jusqu'au Petit-Trou. Il apprend là que le 2e régiment s'était réuni aux deux précédents et qu'ils ont le colonel Bazelais pour chef. Cependant la nuit le force à s'arrêter au Petit-Trou pour donner à ses troupes quelque relâche dont elles avaient grand besoin.

Cette même nuit, des femmes de l'Anse-à-Veau lui font dire que le pillage de la ville avait été promis à l'armée pour l'encourager à se battre contre les révolutionnaires. Le général Hérard fait un appel au patriotisme de son armée ; elle y répond, et, à sept heures du matin, elle est sous les murs de l'Anse-à-Veau. Deux avant-postes de 85 hommes sont enlevés, et, malgré les ordres de leur chef de mettre le feu à une pièce chargée à mitraille, l'armée populaire prend sa ligne sur la place d'armes où le 9e et le 30e se joignent à elle et où le général Lacroix est pris. Le colonel Bazelais venait de quitter l'Anse-à-Veau avec le 2e régiment. Le général Hérard lance après eux le 17e régiment, un bataillon du 20e et un bataillon de la garde nationale de Jérémie. Geffrard les précède avec cinq dragons de Jérémie. A la Petite-Rivière, Geffrard et ses cinq cavaliers rencontrent le 2e régiment ; ils réussissent sans peine à persuader au colonel de se joindre à eux. Poursuivant toujours le colonel Bazelais, ils se trouvent tout à coup en face du 21e de Jacmel et d'un bataillon de la garde nationale de Baynet, commandés par le général Gardel et se dirigeant sur l'Anse-à-Veau. Nos six braves crient audacieusement au milieu de l'ennemi : *Vive la liberté!* Le chef de bataillon, commandant le 21e, déjà disposé en faveur de la cause populaire, répète ce mot magique, et tout est dit. Dans ce moment paraît le général Hérard avec le gros de l'armée qui marchait à pas forcés, et la fusion a lieu. Le général Gardel et le colonel Bazelais seuls quittent la place. Ces nouvelles forces stationnent quelques instants à la Petite-Rivière, pour se diriger ensuite sur Miragoane. Pendant que ceci se passait à la petite-Rivière, on capturait à l'Anse-à-Veau quatre barges venues du Port-au-Prince, sous le commandement du chef de bataillon Lonlai, avec 40 militaires. Elles apportaient 2,000 gourdes, 40 fusils, des gibernes, des cartouches destinés à l'armée du gouvernement.

La prise de possession de l'Anse-à-Veau avait eu lieu le 25 février, le même jour que la bataille du numéro 2.

L'armée du général Hérard s'élevant alors à plus de 4,000 hommes, il alla occuper le pont de Miragoane où il prépara une défense au besoin. David Saint-Preux, qui avait pu se sauver des prisons d'Aquin, l'avait rejoint à l'Anse-à-Veau et lui avait parlé des dispositions de cette ville. Le général avait organisé avec les différentes embarcations prises sur l'ennemi une petite flottille qu'il envoya à Jérémie chercher les provisions nécessaires à l'armée de Miragoane. Les provisions furent expédiées avec la célérité dont le comité de cette ville avait toujours fait preuve. Tous les prisonniers faits depuis Baradères jusqu'à l'Anse-à-Veau y furent aussi envoyés. Ils furent traités avec tous les égards dus au malheur.

Ainsi le 25 février avait décidé du sort de la révolution: la bataille du numéro 2 avait ouvert à l'armée populaire les portes des Cayes; l'occupation du pont de Miragoane empêchait le débordement des troupes de l'ouest dans le sud et enlevait cette partie du territoire à la domination du président Boyer.

La révolution, néanmoins, étendait son empire au delà de ses conquêtes ; le Petit-Goave, le Grand-Goave et Léogane lui étaient acquis. Cette dernière ville avait même député auprès du général Hérard pour lui demander une force suffisante pour s'opposer à l'envahissement des troupes du gouvernement. 1,500 hommes y furent envoyés. Jacmel avait fait aussi connaître son adhésion à la révolution. A mesure que les patriotes se prononçaient, le vide se faisait dans les rangs du parti du gouvernement.

Après ces dispositions, le général Hérard se mit en route pour Aquin où il était attendu. Il écrivait de cette ville au gouvernement populaire, à Jérémie, qu'ayant appris que les Cayes se disposaient à se défendre, il avait résolu d'en faire le siége, et que, pour la réussite de ce projet, il fallait des bâtiments armés et approvisionnés. Le gouvernement révolutionnaire satisfit immédiatement à ces besoins.

La division Hérard, en marche pour les Cayes, libéra les jeunes gens de Jérémie qui étaient dans les prisons de Saint-Louis. Arrivée sur l'habitation Bergeau, les citoyens Daublas, Salomon père, Barjon père, députés par le général Borgella, la rencontrèrent.

La ville des Cayes avait pétitionné au général Borgella pour l'engager à en permettre l'entrée à l'armée populaire. A la réception de cette pièce, le général avait convoqué un conseil de guerre auquel la demande fut soumise. Le conseil avait décidé à la majorité qu'il fallait y faire droit. Le général avait fait réunir devant lui les députés de Jérémie, et les avait engagés à faire partie de la députation, en leur disant qu'il ferait tous les sacrifices nécessaires pour qu'il ne coulât plus une goutte de sang haïtien.

Enfin, le 8 mars, le général Hérard planta l'étendard de l'armée populaire aux Quatre-Chemins, à l'entrée des Cayes. Là, le colonel Chardavoine lui remit une missive du général Borgella, par laquelle il réclamait le respect pour les personnes et les propriétés. Ces différentes députations furent reçues avec tous les égards possibles. Le lendemain 9, vers les dix heures du matin, l'armée populaire fit son entrée aux Cayes. Pendant la nuit qu'elle avait passée aux Quatre-Chemins, beaucoup de soldats de la garnison de la ville l'avaient désertée, et étaient venus rejoindre les patriotes. Thomas Presse avait pu gagner presque toute l'artillerie qui avait abandonné ses pièces.

Il n'y aurait pas eu d'événements funestes à déplorer dans cette grande circonstance, si le colonel Toureaux, commandant l'artillerie, n'avait fait sauter l'arsenal. Il n'y avait heureusement que peu de poudre. Le général Borgella, qui connaissait l'intention du colonel Toureaux, en avait fait sortir la plus grande partie.

Le général Hérard avait écrit au colonel Toureaux pour le porter à accepter la révolution, et à renoncer à une idée dont l'exécution pourrait devenir fatale à la ville. Mais à sept heures du soir, l'explosion eut lieu, et brisa avec l'arsenal toutes les maisons qui l'avoisinaient. Le feu se communiqua à plusieurs autres maisons, et aurait dévoré une partie de la ville, si l'activité de tous les citoyens n'en avait arrêté le progrès.

Les prisons furent ouvertes, et tous les martyrs de la liberté purent embrasser leurs amis. Guerrier Mousignac et Lowell, dont la condamnation n'avait pas été exécutée, recouvrèrent aussi la liberté.

Le 12, le général Lazarre, qui se rendait aux Cayes par la grande route, y fit son entrée. Sa division s'était considérablement grossie par tous les patriotes qui allèrent à sa rencontre. Le vieux général revoyait une ville qu'il avait quittée depuis neuf années, et qui avait été le théâtre de ses premières armes. Aussi y fut-il reçu avec une bienveillante amitié. Toute la population alla à sa rencontre, et le couvrit de fleurs. Un *Te Deum*, auquel assista toute l'armée populaire, fut chanté en ce jour. Le 10 mars, le général Hérard, chef d'exécution, prononça la déchéance du général Boyer de l'office de président d'Haïti, comme coupable de lèse-nation.

Pendant que le chef d'exécution asseyait les principes de la révolution aux Cayes, l'avant-garde de l'armée populaire essuyait un combat avec l'armée que le président Boyer avait envoyée contre elle. Cette avant-garde, sous les ordres du colonel Pierre Paul, était forte d'environ 2,500 hommes. Le général Hérard avait renforcé la première colonne par les gardes nationales du Petit-Goave, du Grand-Goave, et par un bataillon de celle de Jérémie, sous les ordres du commandant Montès. La garde nationale de Jacmel était aussi venue se joindre à l'armée de Léogane ; elle était sous les ordres du général Antoine et du colonel Modé fils ; elle était remarquable entre toutes les autres par l'uniformité de son habillement et sa bonne tenue.

On avait appris à Léogane que l'ennemi se fortifiait à Gressier, et qu'il se préparait à fermer l'entrée de la capitale à l'armée populaire. Celle-ci devait donc prendre ses mesures. En effet, elle était sur ses gardes, et attendait chaque jour une attaque qu'on lui annonçait.

Le dimanche 12 mars, à huit heures du matin, l'ennemi se présenta. Il s'était divisé en trois colonnes : celle de front était dirigée par le général Mérault, commandant l'expédition, et les chefs de bataillon Balancé et Villevaleix; celle de droite était sous les ordres du colonel Paul Bayard et du commandant Vicsama; et celle de gauche avait pour chef le colonel Terlonge.

L'armée populaire était en ligne dans la largeur de la plaine de Léogane. Dans cette position, le colonel Modé s'avance, et parle au commandant Villevaleix de la résolution des patriotes de revendiquer leurs droits par les armes. Le commandant n'accueille pas ce langage, et crie : *Vive le président Boyer !* Modé répond par : *Vivent les patriotes!* que répète toute la ligne. Voyant qu'il n'y a rien à gagner avec le commandant Villevaleix, le colonel Modé lui dit ces mots : « Vous voulez du sang; eh bien, vous répondrez de celui que vous allez faire répandre. » Puis il retourne au milieu de sa troupe. En cet instant un coup de canon part des rangs des patriotes; l'ennemi y répond par un feu de peloton, et la confusion se met aussitôt parmi les soldats. Le feu continue. La garde nationale à cheval profite de la confusion, et traverse du côté des patriotes; la garde à pied suit son exemple. Pendant ce temps, la colonne de Paul Bayard, qui faisait mine de couper l'aile droite de l'armée populaire, se mêle à elle en criant : *Vive l'armée populaire !* Le bataillon de la garde nationale de Jérémie, qui avait été chargé de veiller sur la ville de Léogane, était accouru sur le champ de bataille, et se trouvait en face de la colonne Terlonge, qui n'avait pas encore donné. Les chefs de bataillon Balancé et Villevaleix firent de grands efforts pour faire continuer le feu ; mais ces braves, qui comptaient pour rien un homme devant les intérêts de la patrie, refusèrent de verser le sang de leurs frères pour maintenir un gouvernement dont ils souhaitaient aussi le renversement.

Au bout de quinze minutes, le combat avait cessé. L'armée du président Boyer avait perdu environ 100 hommes, et l'armée populaire n'eut que deux blessés. Les chefs, voyant leur cause perdue, avaient repris la route de la capitale avec un faible reste de leurs troupes, la plus grande partie s'étant réunie à l'armée populaire. Ainsi finit le troisième et dernier combat de la révolution. Celui-ci nous ouvrit les portes de la capitale.

Le lendemain 13 mars, le bruit courut à Léogane que le président Boyer allait venir en personne à la tête de l'artillerie de la capitale réduire cette place.

Les femmes de cette ville, lorsqu'elles apprirent cette nouvelle, donnèrent l'exemple d'un héroïsme dont aucune histoire n'offre encore la preuve.

L'armée populaire n'avait avec elle que des pièces de campagne ; les dames jugèrent que des pièces de gros calibre pouvaient être nécessaires pour les opposer à l'artillerie ennemie. Elles se réunirent, au nombre de cent environ, et s'emparèrent de deux grosses pièces qui étaient au fort Caïra, à une lieue de Léogane ; elles s'attelèrent à ces pièces et les traînèrent sans peine jusque dans la ville. Elles s'encourageaient par des chants patriotiques ; et le chef, marchant en tête de la colonne, portait un drapeau blanc.

Il était vrai que le président Boyer allait se mettre à la tête de son artillerie pour marcher contre Léogane : déjà les troupes qui se trouvaient au Port-au-Prince avaient reçu l'ordre de se porter en avant ; mais les femmes de la capitale leur barrèrent le passage ; elles arrachèrent les armes des mains de leurs maris, de leurs frères et de leurs amis, en jetant de hauts cris contre le gouvernement du président Boyer. Elles l'apostrophèrent même dès qu'il parut : « C'en est assez « du sang déjà versé, lui dirent-elles. Vous n'avez plus de « soldats pour combattre pour vous ; les bras de nos frères « sont réservés pour la défense de la patrie et non pour la « vôtre ! »

Le chef comprit alors que tout était fini ; il venait d'apprendre la reddition de la ville des Cayes. On a dit que le général Terlonge, de retour, aurait dit au président Boyer que tout était perdu pour lui et qu'il ne devait plus compter sur les troupes qu'il envoyait contre la révolution. Il rentra dans son palais où le mot abdication fut prononcé. Ainsi finit une administration de vingt-cinq années, dont les trois quarts auraient pu être employés à la civilisation d'Haïti, en accordant au président Boyer tout le reste de ce temps pour réparer les maux causés par la guerre civile. Le 13 mars au soir, Boyer s'embarqua avec sa famille pour la Jamaïque. On assure qu'en quittant le rivage il dit ces paroles : « J'ai été trompé ; je suis fâché des « événements qui arrivent. » Ces mots sont pleins d'enseignements pour les gouvernements à venir.

Sur l'avis du sénat, le secrétaire d'État tint les rênes du gouvernement en attendant l'arrivée de l'armée populaire. En même temps un comité populaire s'instituait et maintenait l'ordre dans la capitale jusqu'à l'arrivée des chefs de la révolution.

Dès que le président Boyer eut quitté les plages de la république, les messages se succédèrent pour appeler les chefs de l'armée populaire. Le général Hérard, qui était arrivé le premier aux Cayes, put aussi en sortir le premier. Le général Lazarre ne partit que deux jours après. Partout l'armée fut accueillie avec de grandes démonstrations de joie. Au Petit-Goave, elle fut fêtée brillamment. Les dames de cette ville venaient d'accomplir un de ces actes héroïques que nous nous plaisons toujours à citer. Le commandant Jean Petit, de l'armée du gouvernement, en quittant Miragoane, avait traîné avec lui une pièce de 4 ; les femmes du Petit-Goave se mirent à sa poursuite et lui enlevèrent la pièce, malgré sa résistance.

A Miragoane et au Petit-Goave, des actes de brutalité avaient été exercés sur les personnes les plus respectables par les agents du pouvoir ; elles avaient été désignées pour être les victimes du gouvernement, s'il était vainqueur. C'est pour son libéralisme que le malheureux Ciclé fut obligé de quitter sa maison et d'aller mourir dans les bois on ne sait comment. Ses bœufs furent pris et tués, son habitation dévastée, sa famille maltraitée. Pendant quelque temps, Petit-Goave et Miragoane furent en deuil; les patriotes de cette dernière ville durent beaucoup au commandant Goguette qui leur facilita les moyens d'échapper à l'arrestation.

A l'Anse-à-Veau, le citoyen Arnoux fut obligé de se jeter dans les bois, où il vécut pendant plusieurs jours dans la plus grande détresse. Ainsi agissait celui qui prétendait faire vomir la foudre depuis Miragoane jusqu'à Jérémie, et qui voulait que les dépouilles des vaincus de Jérémie devinssent la proie des vainqueurs : « Eux et leurs familles payeront leur audace! » avait-il dit!

L'armée libératrice avait donc dû être accueillie avec joie; partout on lui préparait des fêtes.

Le chef d'exécution fut obligé d'aller prendre provisoirement possession du Port-au-Prince, en attendant que son vieux compagnon de gloire vînt y faire son entrée. Le 21 mars, le général Hérard était à la capitale; le 24 suivant, le général Lazarre était aux portes de la ville. Tout était disposé pour recevoir l'armée populaire : un magnifique arc de triomphe était dressé à l'entrée; neuf pavillons aux couleurs nationales y flottaient majestueusement. Au milieu de l'arc était une inscription portant ces mots : « A l'armée populaire, la patrie reconnais« sante ! » Plusieurs pièces d'artillerie étaient placées sur la droite en entrant; la garnison du Port-au-Prince était rangée en deux files et laissait un large espace pour recevoir le général Lazarre et sa division. A peine eut-il paru sous l'arc de triomphe, que l'artillerie commença un feu qui ne cessa que lorsque le général eut mis pied à terre. Les cris de : *Vive le général Lazarre! vive l'armée populaire!* l'accompagnèrent jusqu'à sa demeure.

Le lendemain, un *Te Deum* fut chanté pour remercier Dieu des succès que la révolution avait obtenus.

La révolution haïtienne sera, sans contredit, une des plus belles dans les annales historiques du monde. Jamais peuple n'a montré plus de générosité dans la victoire, ni plus de sagesse dans sa marche révolutionnaire. Pendant les quarante-cinq jours que dura la révolution, il ne se commit aucune exaction ; l'ordre le plus parfait régnait partout.

Voilà des faits dont on ne croyait pas le peuple haïtien capable ; et pourtant quelle nation plus avancée que lui peut toujours prétendre avoir mieux fait?

En vertu de la charte révolutionnaire, les généraux Guerrier, Voltaire et Ségrétier, et le citoyen Imbert, ex-secrétaire d'Etat, furent appelés à composer le gouvernement provisoire. Le général Hérard fut choisi pour en être le cinquième membre. Plus tard, le général Lazarre fut appelé à remplacer le général Voltaire que la mort venait d'enlever à la vénération de tous ses concitoyens.

Il n'entre point dans le plan de cet ouvrage d'examiner tous les actes de l'administration du gouvernement provisoire; mais nous pouvons dire, en somme, qu'ils étaient tous empreints des principes de la révolution.

Le gouvernement provisoire, installé le 4 avril, convoqua l'assemblée qui devait doter le pays d'une nouvelle constitution, but unique de la révolution, le 15 septembre suivant. L'intervalle était trop grand entre le provisoire et le définitif :

aussi des tentatives contre-révolutionnaires eurent-elles lieu; mais comme il n'est pas donné aux hommes de détruire l'œuvre de Dieu, elles échouèrent toutes.

L'armée populaire, qui venait d'asseoir la révolution dans le sein de la capitale, avait dû prendre quelque repos; elle avait beaucoup souffert, tant par les privations ordinaires en temps de guerre que par les marches forcées qu'elle avait faites. Le général Hérard, en donnant congé à la garde nationale de Jérémie qui était placée en face du tombeau de Pétion, lui dit ces paroles : « Garde nationale de Jérémie, la « patrie sera reconnaissante pour ce que vous avez fait pour « elle. Vous avez sauvé la révolution; les restes du grand « homme sourient à votre aspect, et, du haut de l'Empyrée, « ce citoyen vous remercie. »

Plusieurs généraux du nord vinrent reconnaître le nouveau gouvernement. L'est aussi avait fait la révolution. A Sancto-Domingo, les patriotes avaient pris les armes, et le commandant de cet arrondissement fut forcé de quitter le pays pour quelque temps.

Cependant le gouvernement provisoire délégua un de ses membres dans ces deux parties de la république. C'était le général Hérard, ayant tous les pouvoirs nécessaires pour y asseoir les principes de la révolution.

L'assemblée constituante, réunie le 15 septembre, selon le décret du 4 avril, termina ses travaux le soir du 30 décembre 1843. Elle dota le pays d'une constitution libérale et elle prononça la mise en liberté de tous les détenus politiques. L'assemblée constituante a, selon nous, pleinement réalisé les vœux du peuple; la constitution qu'elle lui a donnée pourrait faire son bonheur. Il dépendrait beaucoup de lui-même d'avancer sa civilisation, en faisant de bons choix quand il est appelé à se donner des mandataires ou des magistrats.

La révolution était si bien comprise dès ses premiers actes, que nous nous faisons un plaisir de rapporter ces paroles d'un des promoteurs de notre indépendance. Le brave général Gardel disait, le 2 juillet 1843 :

« Je comprends le but de la révolution ; je vois l'avenir de « ma patrie ; les bases de la régénération ne peuvent être solidement posées sur aucun système militaire : il faut à la « patrie des institutions civiles ; c'est le vœu de la nation, « et c'est la seule voie qui puisse désormais conduire Haïti « à la félicité que partageront un jour mes descendants.

« J'ai reçu sur le champ de l'honneur une épée que j'ai dé« gaînée pour coopérer à la conquête de notre liberté et de « notre indépendance ; elle n'est pas sans gloire. Je l'avais à la « main tant qu'il m'a fallu veiller à la conservation des institu« tions par lesquelles la nation avait voulu se régir ; mais elle « est toujours pure ; elle n'a jamais été contre vous, mes con« citoyens, frères et amis, un instrument d'oppression. Je la « rengaîne honorablement, parce qu'elle vous est inutile en ce « moment et incompatible avec nos nouvelles institutions. « Mais si jamais aucune puissance étrangère ose tenter de nous « ramener sous sa domination, s'il me reste encore un faible « souffle de vie, je la dégaînerai de nouveau, je me traînerai

« dans les rangs pour partager votre gloire ou m'ensevelir « sous les ruines de notre patrie.

« Je dépose aussi les insignes militaires dont vous m'avez « décoré par la main de tous les mandataires que vous avez « délégués pour distribuer des honneurs au mérite. Ces in- « signes, maintenant l'emblème d'une ridicule vanité, ne devant « plus orner un républicain de la régénération, terniraient « aujourd'hui l'éclat des nombreuses cicatrices d'honneur qui « me décorent. Puissent tous les vrais amis de la gloire de « notre régénération suivre mon exemple! Ce ne sont plus « des généraux qu'il faut à la république, ce sont de sages « législateurs, des administrateurs intègres et des instituteurs « vertueux pour ouvrir la route de la sagesse et du véritable « bonheur à cette intéressante jeunesse destinée à soutenir « l'honneur national.

« Je me retire avec ma famille sur une de mes habitations « pour y finir mes jours en paix; mais je ne serai heureux « dans ma retraite, je ne mourrai tranquille que lorsque j'ap- « prendrai que vous aurez mis la dernière main à l'œuvre de « notre édifice social et que vous y aurez replacé cette inap- « préciable pierre angulaire, si heureusement trouvée par Des- « salines, que nous avons toujours conservée comme le palla- « dium de notre liberté et de notre indépendance. Alors je « serai assuré de l'avenir de ma patrie; plus d'une larme d'at- « tendrissement mouillera mes paupières; je contemplerai « avec orgueil mes honorables cicatrices et je bénirai mon « sang qui coula pour la liberté avec celui de vos pères. Je me « prosternerai aux pieds de l'Être suprême pour implorer sa

« sainte bénédiction sur vous, et je vous dirai encore : O « mes dignes concitoyens et amis ! soyez heureux à l'ombre de « la paix, mais n'oubliez jamais que l'union fait la force et que « la tolérance est la mère de la paix. »

Ces nobles pensées placent les mânes de leur auteur à côté de ceux du fondateur de nos institutions libérales.

CHAPITRE VIII

SOMMAIRE. — Le général Hérard est élu président de la république. — La constitution est publiée au Port-au-Prince. — Des cris séditieux sont proférés contre elle des rangs de l'armée. — La commune est cependant instituée partout, mais non la préfecture. — Scission de la partie de l'est. — Le président part pour cette partie et est obligé de s'arrêter à Azua. — Dans le sud, le peuple se soulève contre la commune et le gouvernement en même temps. — La contre-révolution arrive presque aux portes de la capitale Le 3 mai 1844, le général Guerrier est proclamé président par la ville du Port-au-Prince. — Cette nomination arrête la contre-révolution, et l'ordre est rétabli. — Il est notifié au général Hérard de retourner avec l'armée et de s'arrêter à un lieu qui lui est désigné, d'où il s'embarque pour la Jamaïque.

La relation de l'événement dont j'ai essayé d'esquisser quelques épisodes s'arrête naturellement à la fin du chapitre précédent, c'est-à-dire au 30 décembre 1843, jour où fut terminée la nouvelle constitution, but unique de la révolution. Mais elle a eu si peu de durée, cette constitution, elle a été si peu goûtée, qu'on est forcé de suivre les événements qu'on a attribués à sa promulgation, d'assister à sa disparition et de suivre sur les plages de l'exil le chef principal de la révolution.

En décrétant la constitution, l'assemblée constituante avait en même temps nommé président de la république le général Charles Hérard aîné, chef d'exécution et devenu plus tard membre du gouvernement provisoire. Au moment de la promulgation de la constitution, des manifestations eurent lieu contre les principes libéraux qu'elle contenait. A la capitale et ailleurs, l'armée avait pris part à ces manifestations. Ce prédédent est fâcheux, car lorsqu'un peuple a délégué ses pouvoirs à des mandataires, qui ont pour mission spéciale de lui faire des lois, son premier devoir est d'obéir à ces lois d'abord, sauf à les faire modifier dans la suite, si dans leur application on venait à reconnaître qu'elles contiennent des théories impraticables.

On a prétendu alors que les cris proférés contre la constitution avaient été suggérés par le pouvoir exécutif lui-même qui trouvait la constitution trop libérale et inexécutable.

Nous n'affirmerons rien sur ce point, qui sera éclairci un jour par une histoire plus complète qu'un simple précis. Mais ce que nous devons dire dès à présent, c'est qu'un gouvernement ne peut vivre longtemps, s'il n'exécute franchement et loyalement les lois qu'il a concouru à former ou qu'il a juré de maintenir après les avoir acceptées. La probité politique sera toujours le plus sûr rempart d'un gouvernement contre les attaques de ses ennemis.

Toutefois, de quelque côté que soient venues ces manifestations condamnables, elles resteront un poids bien lourd sur la conscience de leurs auteurs.

Cependant le nouveau gouvernement se trouvait en face de la commune déjà établie d'après les principes de la révolution mis en pratique par le gouvernement provisoire et reproduits dans la constitution. La commune continua donc de subsister, mais la préfecture ne fut point établie. Au contraire, le peuple va bientôt se soulever dans le sud contre la commune et contre le gouvernement; il va tout remettre en question et ne s'arrêtera que lorsqu'une grande voix va lui crier : halte!

La partie de l'est qui s'était réunie à la république en 1822, et qui avait concouru par ses mandataires à la confection de la nouvelle constitution, manifesta l'intention de se séparer et de se constituer en état indépendant. Cet événement fut cause qu'une guerre de quinze années eut lieu entre les deux parties de l'île. Elle a cessé en 1859, à l'avénement du général Geffrard à la présidence.

Le général Hérard, élu président par l'assemblée constituante, se mit à la tête des troupes et fit une campagne contre l'est; mais, arrivé à Azua, il s'y arrêta, attendant de nouveaux moyens d'attaque pour continuer sa marche. Pendant son séjour dans cette ville, un mouvement éclata aux Cayes et à Jérémie et parvint jusqu'à Miragoane où il s'arrêta, par suite de la nomination à la présidence du général Guerrier, le 3 mai 1844, par les citoyens du Port-au-Prince. Ce mouvement révolutionnaire, qui était dirigé par des hommes du peuple, avait causé beaucoup de mal en certains endrois. Ainsi, aux Cayes, à Aquin, à Cavaillon et dans d'autres lieux, il y eut bien des victimes innocentes. Les membres des municipalités furent presque tous persécutés et obligés, ceux qui le purent, de chercher un refuge à la capitale où les garanties d'ordre existaient encore.

Le président Hérard étant à Azua avait envoyé à Aquin,

théâtre de tristes événements, le général Riché et le général Geffrard pour comprimer la contre-révolution qui arrivait dans cette ville. Là encore, le général Geffrard montra cet esprit de fermeté et de sagesse qu'on avait déjà remarqué en lui dès les premiers jours de la révolution et qui avait fait dire de lui : voilà un chef d'État en germe.

Cependant les troupes du gouvernement furent forcées d'évacuer Aquin, et la ville resta au pouvoir des insurgés. La contre-révolution, qui avait pour chef Jacques Acaau, fait général par elle, avançait jusqu'aux portes de la capitale, et ne fut arrêtée, ainsi que nous l'avons dit, que par la nomination du général Guerrier à la présidence.

Dès lors un nouvel ordre de choses se substitua aux principes consacrés par la révolution. La constitution avait été déchirée par les réacteurs. Guerrier eut par conséquent une dictature forcée, mais très-douce, telle qu'était la nature de ce vénérable vieillard.

Cependant le président Guerrier ne voulait pas voir se perdre les conquêtes de la révolution, dont il avait été d'ailleurs un des adeptes. Il changea la dénomination de municipalité en celle de conseils communaux et de conseils d'arrondissement. Les attributions de la commune furent considérablement diminuées, mais le principe en fut conservé. Le président Guerrier institua aussi un conseil d'État pour l'aider à gouverner le pays.

Par suite de la nomination du général Guerrier à la présidence, deux chefs d'État se trouvaient en face l'un de l'autre : un ordre de retour avec l'armée fut notifié à l'ex-président

Hérard, qui était encore à Azua. Il quitta en effet ce lieu, et arriva au Mirebalais. Le général Thomas Hector, qui lui était trés-dévoué, lui offrit de forcer l'entrée de la capitale au moyen de quelques troupes sur lesquelles il pouvait compter, et de le maintenir au pouvoir. Mais le général Hérard, tout en remerciant le général Hector de ses sentiments pour lui, lui répondit que puisque le peuple avait jugé devoir le remplacer à la présidence, il se soumettait à sa volonté et se retirerait à l'étranger. Non loin de la capitale, il lui fut enjoint de s'arrêter. Le général Hérard déféra à cette injonction, et peu après il s'embarqua pour la Jamaïque où il mourut.

Cependant quelque temps après son arrivée à la Jamaïque, et durant la présidence du général Guerrier, l'ex-président Hérard avait entrepris de ressaisir le pouvoir. Il avait quitté la Jamaïque avec plusieurs de ses amis qui l'y avaient accompagné, et comptait sur un parti qui devait lui faciliter les moyens de réaliser son projet. Mais débarqué sur les côtes de Jacmel, le général Hérard éprouva une résistance à laquelle il ne s'attendait pas. Tout le littoral était garni de postes militaires. En y mettant le pied, il se trouva en présence de l'un de ces postes dont l'officier le somma d'avoir à quitter sur-le-champ le rivage. Le général Hérard persista à rester; mais l'officier lui dit : « Voyez! j'ai des forces à ma disposition; je puis vous faire arrêter et vous livrer au gouvernement. » Le général Hérard, comprenant que toute tentative était inutile, félicita l'officier sur sa fidélité, se rendit sur son navire, et retourna à la Jamaïque.

Tel est le dernier épisode de la grande révolution de 1843,

qui a laissé à son passage des institutions nouvelles qui ont pu être détruites, mais qui a aussi laissé, ce qui est inappréciable, des idées de progrès qui triompheront nécessairement et d'autant plus aisément, que l'expérience a appris comment il faut les appliquer.

FIN.

APPENDICE

On vient de voir ce qu'il en a coûté au pays pour arriver à la conquête d'institutions nouvelles dont il avait besoin et qu'il avait en vain réclamées depuis longtemps.

Un parallèle entre la constitution de 1816, alors en vigueur, et celle de 1843, considérablement modifiée, suffira pour prouver que la révolution de 1843 a fait faire un grand pas à l'état politique d'Haïti, et qu'elle portera ses fruits si une paix assez longue permet de réaliser le bien qu'on peut espérer de la mise en pratique de ses principes nouveaux.

Par la constitution de 1816, le chef du gouvernement avait seul tous les pouvoirs.

Seul il avait l'initiative des projets de loi.

Seul il administrait tous les intérêts du pays, pour ainsi dire sans contrôle.

Il y avait bien un grand juge, un secrétaire général et un secrétaire d'État; mais ces grands fonctionnaires ne pouvaient agir que d'après l'impulsion du chef, et n'avaient aucune responsabilité. C'est ce qui explique comment la Chambre des communes, sous l'empire de cette constitution, était réduite à faire des vœux, rien que des vœux, n'ayant aucune sorte d'initiative.

Que le chef d'un gouvernement ait tous les pouvoirs nécessaires pour le maintien de l'ordre en faisant respecter les lois qui le garantissent, cela est juste, cela est indispensable; mais laisser à un seul homme le soin de diriger les intérêts civils, politiques et moraux de tout un peuple, c'est jouer à l'aventure; car, quelque bien intentionné d'ailleurs que soit un chef d'État, il peut se tromper; et s'il caresse trop ses idées, qu'il n'admette aucune contradiction, il peut, même avec un cœur droit, faire le malheur de son pays en ne suivant pas la voie qui devait le conduire à la félicité. L'histoire nous offre bien l'exemple de quelques hommes de génie qui, s'absorbant tous les pouvoirs, ont prouvé qu'une seule tête vaut quelquefois mieux que plusieurs; mais ces exemples sont bien rares, et Dieu lui-même se montre avare de telles productions. Le monde est bien vieux déjà, et cependant l'on peut compter le nombre de ces génies créateurs qui l'ont étonné. C'est ce qui explique la nécessité de la pondération des pouvoirs dans toute organisation politique, et c'était là que voulait arriver la révolution de 1843.

Elle a atteint son but, nous l'avons dit; car, bien que la constitution de 1843 ait été jugée trop libérale, elle n'a pas moins laissé pénétrer ses principes dans la constitution de 1816 révisée. Ainsi aujourd'hui un ministère responsable existe et offre aux chambres toutes les garanties d'administration désirables. Les chambres ont l'initiative des lois comme le pouvoir exécutif lui-même. Les dépenses publiques sont réglées par des budgets soumis à l'approbation des chambres. La commune fonctionne; ses attributions peuvent être étendues.

et les citoyens, administrant leurs intérêts communaux eux-mêmes, sauront toujours mieux que le gouvernement ce qui peut convenir à ces intérêts de détail qui ont une importance considérable, d'abord pour chaque commune en particulier, et par suite pour les intérêts généraux du pays. La commune est une école d'où doivent nécessairement sortir un jour des administrateurs capables de diriger les grands intérêts du pays par les connaissances qu'il auront acquises dans l'administration des détails de leurs intérêts privés.

Avec les institutions actuelles qui peuvent encore être modifiées, puisque la constitution peut subir des changements par des lois rendues dans la forme ordinaire, il est impossible que le pays ne marche pas, s'il jouit de la paix. Tout le monde sent le besoin d'aller de l'avant : le pays a beaucoup souffert; mais il a de l'avenir, si de nouveaux troubles ne viennent pas l'arrêter dans sa marche; et, en politique, s'arrêter, c'est reculer.

Malgré nos troubles politiques et autres malheurs, les capitaux étrangers s'offrent à venir nous créer des banques, des chemins de fer, exploiter nos mines, etc. Que serait-ce donc si nous jouissions d'une paix durable?

Espérons que l'expérience acquise au prix de beaucoup d'événements ne sera pas inutile, et que chacun la mettant en pratique apportera à l'édifice social son contingent de force et de bon vouloir, afin que le pays ne s'arrête plus dans la voie où déjà il a été lancé.

Tel est le vœu patriotique de l'auteur de ce livre.

CONSTITUTION

DE

LA RÉPUBLIQUE HAÏTIENNE

Le peuple haïtien proclame, en présence de l'Être Suprême, la présente Constitution, pour consacrer à jamais ses droits, ses garanties civiles et politiques et son indépendance nationale.

TITRE Ier.

DU TERRITOIRE DE LA RÉPUBLIQUE.

Article 1er. — L'île d'Haïti et les îles adjacentes qui en dépendent forment le territoire de la République.

2. — Le territoire de la République est divisé en six départements.

Ces départements sont :

Le Sud,
L'Ouest,
L'Artibonite,
Le Nord,
Le Cibao,
L'Ozama.

Leurs limites seront établies par la loi.

3. — Chaque département est subdivisé en arrondissements, chaque arrondissement en communes.

Le nombre et les limites de ces subdivisions seront déterminés par la loi.

4. — Les limites des départements, le nombre et les limites des arrondissements et des communes ne pourront être changés ou rectifiés qu'en vertu d'une loi.

5. — La république haïtienne est une et indivisible, essentiellement libre, souveraine et indépendante.

Son territoire est inviolable et ne peut être aliéné par aucun traité.

TITRE II.

DES HAÏTIENS ET DE LEURS DROITS.

SECTION 1re.

Des Haïtiens.

6. — Sont Haïtiens tous individus nés en Haïti et descendant d'Africain ou d'Indien, et tous ceux nés en pays étranger d'un Haïtien ou d'une Haïtienne.

Sont également Haïtiens tous ceux qui, jusqu'à ce jour, ont été reconnus en cette qualité.

7. — Tout Africain ou Indien et leurs descendants sont habiles à devenir Haïtiens.

La loi règle les formalités de la naturalisation.

8. — Aucun blanc ne pourra acquérir la qualité d'Haïtien, ni le droit de posséder aucun immeuble en Haïti.

SECTION 2.

Des droits civils et politiques.

9. — La réunion des droits civils et des droits politiques constitue la qualité de citoyen.

L'exercice des droits civils est indépendant de l'exercice des droits politiques.

10. — L'exercice des droits civils est réglé par la loi.

11. — Tout citoyen, âgé de vingt et un ans, exerce les droits politiques.

Néanmoins, les Haïtiens naturalisés ne sont admis à cet exercice qu'après une année de résidence dans la République.

12. — L'exercice des droits politiques se perd :

1° Par la naturalisation acquise en pays étranger;

2° Par l'abandon de la patrie au moment d'un danger imminent;

3° Par l'acceptation, non autorisée, de fonctions publiques ou de pensions conférées par un gouvernement étranger;

4° Par tous services rendus aux ennemis de la République, ou par toutes transactions faites avec eux;

5° Par la condamnation contradictoire et définitive à des peines perpétuelles, à la fois afflictives et infamantes.

13. — L'exercice des droits politiques est suspendu :

1° Par l'état de domestique à gages;

2° Par l'état de banqueroutier simple ou frauduleux;

3° Par l'état d'interdiction judiciaire, d'accusation ou de contumace;

4° Par suite des condamnations judiciaires emportant la suspension des droits civils;

5° Par suite d'un jugement constatant le refus du service dans la garde nationale.

La suspension cesse avec les causes qui y ont donné lieu.

14. — L'exercice des droits politiques ne peut se perdre ni être suspendu que dans les cas exprimés aux articles précédents.

15. — La loi règle les cas où l'on peut recouvrer les droits politiques, le mode et les conditions à remplir à cet effet.

SECTION 3.

Du droit public.

16. — Les Haïtiens sont égaux devant la loi.

Ils sont tous également admissibles aux emplois civils et militaires.

17. — Il n'y a dans l'État aucune distinction d'ordres.

18. — La liberté individuelle est garantie.

Chacun est libre d'aller, de rester, de partir, sans pouvoir être arrêté, détenu ou exilé, que dans les cas prévus par la loi et selon les formes qu'elle prescrit.

19. — Pour que l'acte qui ordonne l'arrestation d'une personne puisse être exécuté, il faut : 1° qu'il exprime formellement le motif de l'arrestation et la loi en exécution de laquelle elle est ordonnée; 2° qu'il émane d'un fonctionnaire à qui la loi ait donné formellement ce pouvoir; 3° qu'il soit notifié à la personne arrêtée, et qu'il lui en soit laissé copie.

Toute arrestation faite hors des cas prévus par la loi et sans les formes qu'elle prescrit, toutes violences ou rigueurs employées dans l'exécution d'un mandat, sont des actes arbitraires auxquels chacun a le droit de résister.

20. — Nul ne peut être distrait des juges que la Constitution ou la loi lui assigne.

21. — La maison de toute personne habitant le territoire haïtien est un asile inviolable.

Aucune visite domiciliaire, aucune saisie de papiers ne peut avoir lieu qu'en vertu de la loi et dans la forme qu'elle prescrit.

22. — Aucune loi ne peut avoir d'effet rétroactif.

La loi rétroagit toutes les fois qu'elle ravit des droits acquis.

23. — Nulle peine ne peut être établie ni appliquée qu'en vertu de la loi.

24. — La propriété est inviolable et sacrée.

Les concessions et ventes faites par l'État demeurent irrévocables.

Nul ne peut être privé de sa propriété que pour cause d'utilité publique, dans les cas et de la manière établie par la loi, et moyennant une juste et préalable indemnité.

25. — La peine de la confiscation des biens ne peut être établie.

26. — La peine de mort sera restreinte à certains cas déterminés par la loi.

27. — Chacun a le droit d'exprimer ses opinions en toute matière, d'écrire, d'imprimer et de publier ses pensées.

Ce droit ne peut être restreint par aucune loi préventive ni fiscale.

Les abus de l'usage de ce droit sont définis et réprimés par la loi, sans qu'il puisse être porté atteinte à la liberté de la presse.

28. — Tous les cultes sont également libres.

Chacun a le droit de professer sa religion et d'exercer librement son culte, pourvu qu'il ne trouble pas l'ordre public.

29. — L'établissement d'une église ou d'un temple et l'exercice public d'un culte peuvent être réglés par la loi.

30. — Nul ne peut être contraint de concourir d'une manière quelconque aux actes et aux cérémonies d'un culte, ni d'en observer les jours de repos.

31. — L'enseignement est libre, et des écoles sont distribuées graduellement, à raison de la population.

Chaque commune a des écoles primaires de l'un et l'autre sexe, gratuites, et communes à tous les citoyens.

Les villes principales ont, en outre, des écoles supérieures, où sont enseignés les éléments des sciences, des belles-lettres et des beaux-arts.

Les langues usitées dans le pays sont enseignées dans ces écoles.

32. — Le jury est établi en toutes matières criminelles et pour délits politiques et de la presse.

Sa décision n'est soumise à aucun recours.

Elle ne peut être formée contre l'accusé qu'aux deux tiers des voix.

33. — Les Haïtiens ont le droit de s'assembler paisiblement et sans armes, même pour s'occuper d'objets politiques, en se conformant aux lois qui peuvent régler l'exercice de ce droit, sans néanmoins le soumettre à une autorisation préalable.

Cette disposition ne s'applique point aux rassemblements

dans les lieux publics, lesquels restent entièrement soumis aux lois de police.

34. — Les Haïtiens ont le droit de s'associer ; ce droit ne peut être soumis à aucune mesure préventive.

35. — Le droit de pétition est exercé personnellement par un ou plusieurs individus, jamais au nom d'un corps.

Les pétitions peuvent être adressées soit au pouvoir exécutif, soit au pouvoir législatif.

36. — Le secret des lettres est inviolable.

La loi détermine quels sont les agents responsables de la violation du secret des lettres confiées à la poste.

37. — L'emploi des langues usitées en Haïti est facultatif; il ne peut être réglé que par la loi, et seulement pour les actes de l'autorité publique et pour les affaires judiciaires.

38. — Des établissements de secours publics et des maisons pénitentiaires sont créés et organisés dans les principales villes de la République.

39. — Nulle autorisation préalable n'est nécessaire pour exercer des poursuites contre les fonctionnaires publics, pour fait de leur administration, sauf ce qui est statué à l'égard des secrétaires d'État.

40. — La loi ne peut ajouter ni déroger à la Constitution.

La lettre de la Constitution doit toujours prévaloir.

41. — Tout principe du droit public, quoique non consacré, est préexistant aux pouvoirs délégués par la présente Constitution.

Toute délégation de pouvoirs est restreinte dans ses termes.

TITRE III.

DE LA SOUVERAINETÉ ET DE L'EXERCICE DES POUVOIRS QUI EN DÉRIVENT.

42. — La souveraineté nationale réside dans l'universalité des citoyens.

43. — L'exercice de cette souveraineté est délégué à trois pouvoirs électifs et temporaires.

Ces pouvoirs sont : le pouvoir législatif, le pouvoir exécutif et le pouvoir judiciaire.

44. — Ces trois pouvoirs forment le gouvernement de la République, lequel est essentiellement civil et représentatif.

45. — Chaque pouvoir s'exerce séparément. — Chacun d'eux est dépendant des deux autres dans ses attributions. — Aucun d'eux ne peut les déléguer ni sortir des limites qui lui sont fixées. — La responsabilité est attachée à chacun des actes des trois pouvoirs.

46. — Le pouvoir législatif est exercé par deux chambres représentatives : une chambre des communes et un sénat.

47. — Les deux chambres se réunissent en assemblée nationale, dans les cas prévus par la Constitution.

Les pouvoirs de l'assemblée nationale sont limités et ne peuvent s'étendre à d'autres objets que ceux qui lui sont spécialement attribués par la Constitution.

48. — Le pouvoir exécutif est délégué à un citoyen, qui prend le titre de président de la République haïtienne, et ne peut recevoir aucune autre qualification.

49. — Les intérêts qui touchent exclusivement les communes

et les arrondissements sont réglés par des comités municipaux et des conseils d'arrondissement.

50. — Le pouvoir judiciaire est exercé par un tribunal de cassation, des tribunaux d'appel, des tribunaux de première instance et des tribunaux de paix.

CHAPITRE Ier.

DU POUVOIR LÉGISLATIF.

SECTION 1re.

De la chambre des communes.

51. — La chambre des communes se compose de représentants du peuple, dont le nombre sera fixé par la loi, à raison de la population des communes.

Chaque commune aura au moins un représentant.

52. — Jusqu'à ce que l'état de la population soit établi et que la loi ait fixé le nombre des représentants du peuple, ce nombre est réglé ainsi qu'il suit :

Quatre pour le Port-Républicain; trois pour chacune des villes des Cayes, des Gonaïves, du Cap-Haïtien, de Saint-Yague et de Santo-Domingo; deux pour chacune des communes de Jérémie et de Jacmel, et un pour chacune des autres communes.

53. — Les représentants du peuple sont élus directement par les assemblées primaires de chaque commune, suivant le mode établi par la loi.

54. — Pour être élu représentant du peuple, il faut :

1° Être âgé de vingt-cinq ans accomplis;

2° Jouir des droits civils et politiques;

3° Être propriétaire d'immeubles en Haïti;

4° Être domicilié dans la commune.

55. — L'Haïtien naturalisé devra, en outre des conditions prescrites par l'article précédent, justifier d'une résidence de deux années dans la République, pour être élu représentant du peuple.

56. — Les représentants du peuple sont élus pour trois ans.

Leur renouvellement se fait intégralement.

Ils sont indéfiniment rééligibles.

57. — En cas de mort, démission ou déchéance d'un représentant du peuple, l'assemblée primaire pourvoit à son remplacement pour le temps seulement qui reste à courir.

58. — Pendant la durée de la session législative, chaque représentant du peuple reçoit du trésor public une indemnité de deux cents gourdes par mois.

Il lui est, en outre, alloué une gourde par lieue, pour frais de route.

SECTION 2.

Du sénat.

59. — Le sénat se compose de trente-six représentants du peuple, à raison de six pour chaque département.

60. — Les sénateurs sont élus, savoir :

1° Pour le département du Sud, quatre par l'assemblée électorale des Cayes, et deux par celle de Jérémie;

2° Pour le département de l'Ouest, quatre par l'assemblée électorale du Port-Républicain, et deux par celle de Jacmel;

3° Pour le département de l'Artibonite, six par l'assemblée électorale des Gonaïves;

4° Pour le département du Nord, six par l'assemblée électorale du Cap-Haïtien;

5° Pour le département de Cibao, six par l'assemblée électorale de Saint-Yague;

6° Pour le département de l'Ozama, six par l'assemblée électorale de Santo-Domingo.

61. — Pour être élu sénateur, il faut :

1° Être âgé de trente ans accomplis;

2° Jouir des droits civils et politiques;

3° Être propriétaire d'immeubles en Haïti;

4° Être domicilié dans l'arrondissement électoral.

62. — L'Haïtien naturalisé devra, en outre des conditions prescrites par l'article précédent, justifier d'une résidence de quatre années dans la République, pour être élu sénateur.

63. — Les sénateurs sont élus pour six ans.

Leur renouvellement se fait par tiers tous les deux ans. En conséquence, ils se divisent, par la voie du sort, en trois séries; chaque série se compose de douze sénateurs, à raison de deux par département.

Pour la première fois, ceux de la première série sortiront après deux ans, ceux de la seconde après quatre ans, et ceux de la troisième après six ans, de sorte qu'à chaque période de deux ans, deux sénateurs seront élus par département.

64. — Les sénateurs sont indéfiniment rééligibles.

65. — En cas de mort, démission ou déchéance d'un sénateur, il est pourvu à son remplacement pour le temps seulement qui reste à courir.

66. — Le sénat ne peut s'assembler hors du temps de la

session du corps législatif, sauf les cas prévus par les articles 123 et 163.

67. — Chaque sénateur reçoit du trésor public une indemnité de trois cents gourdes par mois, durant la session seulement.

Il lui est, en outre, alloué une gourde par lieue, pour frais de route.

SECTION 3.

De l'assemblée nationale.

68. — A l'ouverture de chaque session annuelle, la chambre des communes et le sénat se réunissent en assemblée nationale.

69. — Le président du sénat préside l'assemblée nationale; le président de la chambre des communes est le vice-président; les secrétaires du sénat et de la chambre des communes sont les secrétaires de l'assemblée nationale.

70. — Les attributions de l'assemblée nationale sont :

1° De proclamer le président de la République, soit par suite du scrutin électoral, soit après le ballotage, en cas de non-majorité absolue des votes;

2° De déclarer la guerre, sur le rapport du pouvoir exécutif; de régler les représailles, et de statuer sur tous les cas relatifs à la guerre;

3° D'approuver ou rejeter les traités de paix, d'alliance, de neutralité, de commerce et autres conventions internationales, consentis par le pouvoir exécutif;

Aucun traité n'aura d'effet que par la sanction de l'assemblée nationale;

4° D'autoriser le pouvoir exécutif à contracter tous emprunts sur le crédit de la République;

5° De permettre ou de défendre l'entrée des forces navales étrangères dans les ports de la République;

6° D'accorder toute amnistie; de statuer sur les recours en grâce ou en commutation de peines, sur la recommandation des juges ou du pouvoir exécutif;

Dans ce cas, l'exécution du jugement de condamnation demeure suspendue;

7° D'autoriser l'établissement d'une banque nationale;

8° De changer le lieu fixé pour la capitale de la République;

9° De réviser la Constitution, lorsque le pouvoir législatif a déclaré qu'il y avait lieu de le faire.

SECTION 4.

De l'exercice du pouvoir législatif.

71. — Le siége du corps législatif est fixé dans la capitale de la République.

Chaque chambre a son local particulier, sauf le cas de la réunion des deux chambres en assemblée nationale.

72. — Le corps législatif s'assemble de plein droit, chaque année, le premier lundi d'avril.

Sa session est de trois mois. En cas de nécessité, elle peut être prolongée jusqu'à quatre, soit par le corps législatif, soit par le pouvoir exécutif.

Le corps législatif ne peut jamais être dissous, ni prorogé.

73. — Dans l'intervalle des sessions et en cas d'urgence, le

pouvoir exécutif peut convoquer les chambres ou l'assemblée nationale à l'extraordinaire.

Il leur rend compte alors de cette mesure par un message.

74. — En cas de vacance de l'office de président de la République, l'assemblée nationale est tenue de se réunir dans les vingt jours, au plus tard.

75. — Les membres du corps législatif représentent la nation entière.

76. — Chaque chambre vérifie les pouvoirs de ses membres, et juge les contestations qui s'élèvent à ce sujet.

77. — Les membres de chaque chambre prêtent individuellement le serment de maintenir les droits du peuple et d'être fidèles à la Constitution.

78. — Les séances des chambres et de l'assemblée nationale sont publiques.

Néanmoins, chaque assemblée se forme en comité secret, sur la demande de cinq membres.

L'assemblée décide ensuite, à la majorité absolue, si la séance doit être reprise en public sur le même sujet.

79. — On ne peut être à la fois membre des deux chambres.

80. — Les fonctions de représentant et de sénateur sont incompatibles avec les fonctions salariées par l'État et à la nomination du pouvoir exécutif.

Les membres du corps législatif ne peuvent, durant la législature, accepter aucune fonction salariée à la nomination du pouvoir exécutif, même en renonçant à leur mandat.

81. — Le pouvoir législatif fait des lois sur tous les objets d'intérêt public.

L'initiative appartient à chacune des deux chambres et au pouvoir exécutif.

Néanmoins, le pouvoir exécutif ne peut proposer aucune loi relative aux recettes et aux dépenses de l'État, au contingent et à l'organisation de l'armée de terre et de mer, à la garde nationale, aux élections et à la responsabilité des secrétaires d'État et autres agents du pouvoir exécutif.

Toute loi sur ces objets doit d'abord être votée par la chambre des communes.

82. — L'interprétation des lois, par voie d'autorité, n'appartient qu'au pouvoir législatif.

Elle est donnée dans la forme d'une loi.

83. — Aucune des deux chambres ne peut prendre de résolution qu'autant que les deux tiers de ses membres se trouvent réunis.

84. — Toute résolution est prise à la majorité absolue des suffrages, sauf les cas prévus par la Constitution.

85. — Les votes sont émis par assis et levé, et par la voie du scrutin secret, si trois membres de l'assemblée le réclament.

L'ensemble des lois est toujours voté au scrutin secret.

86. — Chaque chambre a le droit d'enquête sur tous les objets à elle attribués.

87. — Tout projet de loi est soumis à trois lectures, à moins que la chambre ne déclare qu'il y a urgence.

Il y aura, entre chaque lecture, un intervalle d'un jour au moins.

88. — Un projet de loi ne peut être adopté par l'une des chambres qu'après avoir été voté article par article.

89. — Chaque chambre a le droit d'amender et de diviser les articles et amendements proposés.

Tout amendement fait par une chambre doit être adopté par l'autre.

90. — Toute loi admise par les deux chambres est immédiatement adressée au pouvoir exécutif, qui, avant de la promulguer, a le droit d'y faire des objections.

Dans ce cas, il renvoie la loi à la chambre où elle a été primitivement votée, avec ces objections.

Si elles sont admises, la loi est amendée par les deux chambres.

Si elles sont rejetées, la loi est de nouveau adressée au pouvoir exécutif, pour être promulguée.

L'admission des objections et les amendements auxquels elles peuvent donner lieu, sont votés aux deux tiers des voix, et au scrutin secret.

91. — Néanmoins, le pouvoir exécutif ne peut faire aucune objection sur les lois dont l'initiative appartient exclusivement aux deux chambres.

Ces lois sont promulguées immédiatement.

92. — Le droit d'objection doit être exercé dans les délais suivants, savoir :

1° Dans les deux jours, pour les lois d'urgence, sans qu'en aucun cas l'objection puisse porter sur l'urgence;

2° Dans les huit jours, pour les autres lois, le dimanche excepté.

Toutefois, si la session est close avant l'expiration de ce dernier délai, la loi demeure ajournée.

93. — Si, dans les délais prescrits par l'article précédent, le pouvoir exécutif ne fait aucune objection, la loi est immédiatement promulguée.

94. — Un projet de loi, rejeté par l'une des chambres, ne peut être reproduit dans la même session.

95. — Les lois sont rendues officielles par la voie d'un bulletin imprimé et numéroté, ayant pour titre *Bulletin des lois.*

96. — La loi prend date du jour qu'elle a été définitivement adoptée par les deux chambres.

97. — Nul ne peut présenter en personne des pétitions aux chambres.

Chaque chambre a le droit de renvoyer aux secrétaires d'État les pétitions qui lui sont adressées. Les secrétaires d'État sont tenus de donner des explications sur leur contenu, chaque fois que la chambre l'exige.

98. — Les membres du corps législatif sont inviolables, du jour de leur élection jusqu'à l'expiration de leur mandat.

Ils ne peuvent être exclus de la chambre dont ils font partie, ni être, en aucun temps, poursuivis et attaqués pour les opinions et votes émis par eux, soit dans l'exercice de leurs fonctions, soit à l'occasion de cet exercice.

99. — Aucune contrainte par corps ne peut être exercée contre un membre du corps législatif, pendant la durée de son mandat.

100. — Nul membre du corps législatif ne peut être poursuivi ni arrêté en matière criminelle, correctionnelle ou de police, durant son mandat, qu'après l'autorisation de la chambre à laquelle il appartient, sauf le cas de flagrant délit.

S'il est saisi, en cas de flagrant délit, il en est référé à la chambre sans délai.

101. — En matière criminelle, tout membre du corps législatif est mis en état d'accusation par la chambre dont il fait

partie, et jugé par le tribunal criminel de son domicile, avec l'assistance du jury.

102. — Chaque chambre, par son règlement, fixe sa discipline, et détermine le mode suivant lequel elle exerce ses attributions.

103. — Aucun corps de troupe ne peut, pendant la session législative, séjourner dans un rayon de quinze lieues du siége du corps législatif, si ce n'est sur sa réquisition ou avec son consentement.

CHAPITRE II.

DU POUVOIR EXÉCUTIF.

SECTION 1re.

Du président de la République.

104. — Le président de la République est élu pour quatre ans.

Il entre en fonction le quinze mai.

105. — L'élection du président est faite d'après le mode suivant :

Chaque assemblée électorale désignée en l'art. 60 élit deux candidats dont l'un est pris dans l'arrondissement électoral et l'autre dans toute l'étendue de la République.

Les procès-verbaux d'élection sont adressés, clos et cachetés, au président de l'assemblée nationale.

L'assemblée nationale en fait l'ouverture sans délai, et constate, en séance publique, le nombre des votes émis pour chaque candidat

Si l'un des candidats réunit la majorité absolue des votes, il est proclamé président de la République haïtienne.

Si aucun d'eux n'obtient cette majorité, les trois candidats qui ont le plus de suffrages sont ballotés au scrutin secret.

S'il y a égalité de suffrages, le ballotage a lieu entre les candidats qui ont obtenu le même nombre de votes.

Si le ballotage ne donne pas la majorité absolue, il est procédé à un nouveau ballotage entre les deux candidats qui ont le plus de voix.

En cas d'égalité de suffrages entre les deux candidats, le sort décide de l'élection.

106. — Pour être élu président, il faut avoir atteint l'âge de trente-cinq ans.

L'Haïtien né en pays étranger ou naturalisé doit, en outre, justifier d'une résidence de dix années dans la République.

107. — Nul ne peut être réélu président qu'après un intervalle de quatre ans.

108. — En cas de mort, démission ou déchéance du président, celui qui le remplace est nommé pour quatre ans, et ses fonctions cessent toujours au quinze de mai, alors même que la quatrième année de son exercice ne serait point révolue.

Pendant la vacance, le pouvoir exécutif est exercé par les secrétaires d'État, réunis en conseil, et sous leur responsabilité.

109. — Si le président se trouve dans l'impossibilité d'exercer ses fonctions, le conseil des secrétaires d'État est chargé de l'autorité exécutive, tant que dure l'empêchement.

110. — Avant d'entrer en fonction, le président prête devant l'assemblée nationale le serment suivant :

« Je jure d'observer la Constitution et les lois du peuple « haïtien, de maintenir l'indépendance nationale et l'intégrité « du territoire. »

111. — Le président fait sceller les lois du sceau de la République, et les fait promulguer immédiatement après leur réception, aux termes des articles 90, 91, 92 et 93.

Il fait également sceller et promulguer les actes et décrets de l'assemblée nationale.

112. — Il est chargé de faire exécuter les lois, actes et décrets du corps législatif et de l'assemblée nationale.

Il fait tous les règlements et arrêtés nécessaires à cet effet, sans pouvoir jamais suspendre ni interpréter les lois, actes et décrets eux-mêmes, ni dispenser de leur exécution.

113. — Le président nomme et révoque les secrétaires d'État.

114. — Il confère les grades dans l'armée, conformément à la loi.

115. — Il commande les forces de terre et de mer; il ne peut les commander en personne qu'avec l'autorisation de l'assemblée nationale.

116. — Il nomme aux emplois d'administration générale et de relation extérieure, aux conditions établies par la loi.

Il ne nomme à d'autres emplois ou fonctions publiques, qu'en vertu de la Constitution ou de la disposition expresse d'une loi et aux conditions qu'elle prescrit.

117. — Il fait les traités de paix, d'alliance, de neutralité, de commerce et autres conventions internationales, sauf la sanction de l'assemblée nationale.

118. — Toutes les mesures que prend le président sont préalablement délibérées au conseil des secrétaires d'État.

119. — Aucun acte du président ne peut avoir d'effet, s'il n'est contre-signé par un secrétaire d'État, qui, par cela seul, s'en rend responsable avec lui.

120. — Le président est responsable de tous les abus d'autorité et excès de pouvoir qui se commettent dans son administration.

121. — Il n'a d'autres pouvoirs que ceux que lui attribuent formellement la Constitution et les lois particulières portées en vertu de la Constitution.

122. — A l'ouverture de chaque session, le président, par un message, rend compte à l'assemblée nationale de son administration pendant l'année expirée, et présente la situation générale de la République, tant à l'intérieur qu'à l'extérieur.

123. — La chambre des communes a le droit d'accuser le président et de le traduire devant le sénat, en cas de malversation, de trahison, ou de tout autre crime commis dans l'exercice de ses fonctions.

Le sénat ne peut prononcer d'autres peines que celles de la déchéance et de la privation du droit d'exercer toute autre fonction publique, pendant un an au moins ou cinq ans au plus.

S'il y a lieu à appliquer d'autres peines et à statuer sur l'exercice de l'action civile, il y sera procédé devant les tribunaux ordinaires, soit sur l'accusation admise par la chambre des communes, soit sur la poursuite des parties lésées.

La mise en accusation et la déclaration de culpabilité ne pourront être prononcées, respectivement dans chaque chambre, qu'à la majorité des deux tiers des suffrages.

124. — La loi règle le mode de procéder contre le président,

dans les cas de crimes ou délits par lui commis, soit dans l'exercice de ses fonctions, soit hors de cet exercice.

125. — Le président ne peut avoir de garde particulière.

126. — Il reçoit du trésor public un traitement de vingt-quatre mille gourdes par an.

Ses frais de tournée sont réglés par la loi.

127. — Il réside au palais national de la capitale.

SECTION 2.

Des secrétaires d'État.

128. — Il y a quatre secrétaires d'État dont les départements sont :

1° L'intérieur et l'agriculture;

2° La justice, l'instruction publique et les cultes;

3° Les finances et le commerce;

4° Les relations extérieures, la guerre et la marine.

Néanmoins, la loi peut répartir autrement les attributions de ces départements.

129. — Nul ne peut être secrétaire d'État, s'il n'est âgé de trente ans accomplis.

130. — Les secrétaires d'État se forment en conseil, sous la présidence du président de la République, ou de l'un d'eux délégué par le président.

Toutes les délibérations sont consignées sur un registre, et signées par les membres du conseil.

131. — Les secrétaires d'État correspondent immédiatement avec les autorités qui leur sont subordonnées.

132. — Ils ont leur entrée dans chacune des chambres,

pour soutenir les projets de lois et les objections du pouvoir exécutif.

Les chambres peuvent requérir la présence des secrétaires d'État, et les interpeller sur tous les faits de leur administration.

133. — Les secrétaires d'État sont respectivement responsables tant des actes du président qu'ils contre-signent, que de ceux de leur département, ainsi que de l'inexécution des lois.

En aucun cas, l'ordre verbal ou écrit du président ne peut soustraire un secrétaire d'État à la responsabilité.

134. — La chambre des communes a le droit d'accuser les secrétaires d'État et de les traduire devant le tribunal de cassation, qui seul a le droit de les juger, sections réunies; sauf ce qui sera statué par la loi, quant à l'exercice de l'action civile par la partie lésée et aux crimes et délits que les secrétaires d'État auraient commis hors de l'exercice de leurs fonctions.

Une loi déterminera les cas de responsabilité, les peines à infliger aux secrétaires d'État et le mode de procéder contre eux, soit sur l'accusation admise par la chambre des communes, soit sur la poursuite des parties lésées.

135. — Chaque secrétaire d'État jouit d'un traitement annuel de cinq mille gourdes.

SECTION 3.

Des institutions d'arrondissements et communales.

136. — Chaque arrondissement a pour chef d'administration un préfet; chaque commune, un maire.

Les attributions de ces fonctionnaires sont à la fois civiles et financières.

137. — Le président de la République nomme et révoque les préfets.

Les maires sont élus par les assemblées primaires.

138. — Il est établi, savoir :

Un conseil par chaque arrondissement;

Un comité municipal par chaque commune.

Chaque conseil ou comité est présidé par le chef d'administration, avec voix délibérative.

139. — Ces institutions sont réglées par la loi.

La loi consacre l'application des principes suivants :

1° L'élection directe, tous les deux ans, pour les comités municipaux;

2° La délégation des membres des comités municipaux, pour former les conseils d'arrondissement;

3° L'attribution aux comités et conseils de tout ce qui est d'intérêt communal et d'arrondissement, sans préjudice de l'approbation de leurs actes, dans les cas et suivant le mode que la loi détermine;

4° La publicité des séances des comités et des conseils dans les limites établies par la loi;

5° La publicité des budgets et des comptes;

6° L'intervention du président de la République ou du pouvoir législatif, pour empêcher que les comités et les conseils ne sortent de leurs attributions et ne blessent l'intérêt général.

140. — La rédaction des actes de l'état civil et la tenue des registres sont exclusivement dans les attributions des autorités communales.

141. — Les préfets sont salariés par l'État.

Les maires sont rétribués par leurs communes.

CHAPITRE III.

DU POUVOIR JUDICIAIRE.

142. — Les contestations qui ont pour objet des droits civils sont exclusivement du ressort des tribunaux.

143. — Les contestations qui ont pour objet des droits politiques sont du ressort des tribunaux, sauf les exceptions établies par la loi.

144. — Nul tribunal, nulle juridiction contentieuse ne peut être établie qu'en vertu d'une loi.

Il ne peut être créé de commissions ni de tribunaux extraordinaires, sous quelque dénomination que ce soit.

145. — Il y a, pour toute la République, un tribunal de cassation, composé de deux sections au moins.

Son siége est dans la capitale.

146. — Ce tribunal ne connaît pas du fond des affaires.

147. — Néanmoins, en toute matière, autre que celles soumises au jury, lorsque, sur un second recours, une même affaire se présentera contre les mêmes parties, le tribunal de cassation, en admettant le pourvoi, ne prononcera point de renvoi, et statuera sur le fond, sections réunies.

148. — Chaque commune a un tribunal de paix.

Un tribunal de première instance est institué pour un ou plusieurs arrondissements. La loi détermine son ressort et le lieu où il est établi.

Il y a un tribunal d'appel pour chaque département; son siége est au chef-lieu.

149. — Les juges sont élus, savoir :

Pour les tribunaux de paix, par les assemblées primaires;

Pour les tribunaux de première instance et d'appel, par les assemblées électorales de leur ressort respectif;

Pour le tribunal de cassation, par le sénat, sur la présentation d'une liste simple de candidats par chacune des assemblées électorales du ressort des tribunaux d'appel.

150. — Les juges de paix sont élus pour trois ans; ceux des autres tribunaux pour neuf ans.

Ils sont indéfiniment rééligibles.

Aucun juge, pendant la durée de ses fonctions, ne peut être destitué ni suspendu que par un jugement.

151. — En cas de mort, démission ou destitution d'un juge, l'assemblée électorale pourvoit à son remplacement pour le temps seulement qui reste à courir.

152. — Nul ne peut être élu juge s'il n'a trente ans accomplis, pour le tribunal de cassation, et vingt-cinq ans accomplis, pour les autres tribunaux.

153. — Le président de la République nomme et révoque les officiers du ministère public près les tribunaux de première instance, d'appel et de cassation.

154. — Les fonctions de juge sont incompatibles avec les fonctions salariées par l'État et à la nomination du pouvoir exécutif.

L'incompatibilité, à raison de la parenté, est réglée par la loi.

155. — Le traitement des membres du corps judiciaire est fixé par la loi.

156. — Il y a des tribunaux de commerce dans les lieux déterminés par la loi. Elle règle leur organisation, les attri-

butions, le mode d'élection de leurs membres, et la durée des fonctions de ces derniers.

157. — Des lois particulières règlent l'organisation des tribunaux militaires, leurs attributions, les droits et obligations des membres de ces tribunaux, et la durée de leurs fonctions.

Tout délit civil commis par un militaire, à moins qu'il ne soit dans un camp ou en campagne, est jugé par les tribunaux criminels ordinaires.

Il en est de même de toute accusation contre un militaire dans laquelle un individu non militaire est compris.

158. — Les audiences des tribunaux sont publiques, à moins que cette publicité ne soit dangereuse pour l'ordre public et les bonnes mœurs : dans ce cas, le tribunal le déclare par un jugement.

En matière de délits politiques et de presse, le huis clos ne peut être prononcé.

159. — Tout arrêt ou jugement est motivé. Il est prononcé en audience publique.

160. — Les arrêts et jugements sont exécutés au nom de la République. Ils portent un mandement aux officiers du ministère public et aux agents de la force publique.

Les actes des notaires sont mis dans la même forme lorsqu'il s'agit de leur exécution forcée.

161. — Le tribunal de cassation prononce sur les conflits d'attribution, d'après le mode réglé par la loi.

Il connaît aussi des jugements des conseils militaires, pour cause d'incompétence.

162. — Les tribunaux doivent refuser d'appliquer une loi inconstitutionnelle.

Ils n'appliqueront les arrêtés et règlements généraux d'administration publique qu'autant qu'ils seront conformes aux lois.

163. — En cas de forfaiture, tout juge ou officier du ministère public est mis en état d'accusation par l'une des sections du tribunal de cassation.

S'il s'agit d'un tribunal entier, la mise en accusation est prononcée par le tribunal de cassation, sections réunies.

S'il s'agit du tribunal de cassation, d'une de ses sections, ou de l'un de ses membres, la mise en accusation est prononcée par la chambre des communes, et le jugement par le sénat. La décision de chacune des chambres est prise à la majorité des deux tiers des membres présents, et la peine à prononcer par le sénat ne peut être que la révocation des fonctions et l'inadmissibilité, pendant un certain temps, à toutes charges publiques; mais le condamné est renvoyé, s'il y a lieu, par-devant les tribunaux ordinaires, et puni conformément aux lois.

La loi règle le mode de procéder contre les juges dans les cas de crimes ou délits par eux commis, soit dans l'exercice de leurs fonctions, soit hors de cet exercice.

CHAPITRE IV.

DES ASSEMBLÉES PRIMAIRES ÉLECTORALES.

164. — Tout citoyen, âgé de vingt-et-un ans, a le droit de voter aux assemblées primaires et électorales, s'il est propriétaire foncier, s'il a l'exploitation d'une ferme dont la durée n'est pas moindre de neuf ans, ou s'il exerce une profession, un emploi public ou une industrie quelconque.

165. — Les assemblées primaires s'assemblent de plein droit, dans chaque commune, le 10 janvier de chaque année, selon qu'il y a lieu, et suivant le mode établi par la loi.

166. — Elles ont pour objet :

1° D'élire les représentants du peuple, les juges de paix, les maires et conseillers municipaux, aux époques fixées par la constitution ;

2° De nommer les électeurs.

167. — Le nombre des électeurs de chaque commune est triple de celui des représentants du peuple.

168. — Les assemblées électorales se réunissent de plein droit le 15 février de chaque année, selon qu'il y a lieu et suivant le mode établi par la loi.

169. — Elles ont pour objet :

1° D'élire les sénateurs et les candidats à la présidence, dans les villes désignées en l'article 60 ;

2° D'élire les candidats au tribunal de cassation et les juges aux tribunaux d'appel, au chef-lieu de chaque département ;

3° D'élire les juges aux tribunaux de première instance, au siége de chaque ressort ;

4° De pourvoir au remplacement de ces fonctionnaires, dans les cas prévus par la Constitution.

170. — Toutes les élections se font à la majorité absolue des suffrages et au scrutin secret.

171. — Aucune élection ne peut avoir lieu, dans une assemblée électorale, qu'autant que les deux tiers au moins du nombre des électeurs sont présents.

172. — Hors le cas de remplacement par mort, démission, déchéance ou destitution, les élections ne peuvent être faites

qu'à l'expiration de l'année qui termine la période du renouvellement des fonctionnaires.

173. — Les assemblées primaires et électorales ne peuvent s'occuper d'aucun autre objet que de celui des élections qui leur sont respectivement attribuées par la Constitution.

Elles sont tenues de se dissoudre dès que cet objet est rempli.

TITRE IV.

DES FINANCES.

174. — Aucun impôt au profit de l'État ne peut être établi que par une loi.

Aucune charge, aucune imposition, soit d'arrondissement, soit communale, ne peut être établie que du consentement respectif du conseil d'arrondissement ou du comité municipal de la commune.

La loi détermine les exceptions dont l'expérience démontrera la nécessité relativement aux impositions d'arrondissement et communales.

175. — Les impôts au profit de l'État sont votés annuellement.

Les lois qui les établissent n'ont de force que pour un an si elles ne sont pas renouvelées.

176. — Il ne peut être établi de priviléges en matière d'impôts.

Nulle exception ou modération d'impôt ne peut être établie que par une loi.

177. — Hors les cas formellement exceptés par la loi, aucune rétribution ne peut être exigée des citoyens qu'à titre

d'impôt au profit de l'État, de l'arrondissement ou de la commune.

178. — Aucune pension, aucune gratification à la charge du trésor public ne peut être accordée qu'en vertu d'une loi.

179. — Le budget de chaque secrétairerie d'État est divisé en chapitres : aucune somme allouée pour un chapitre ne peut être reportée au crédit d'un autre chapitre et employée à d'autres dépenses sans une loi.

180. — Chaque année, les Chambres arrêtent : 1° le compte des recettes et dépenses de l'année ou des années précédentes, avec distinction de chaque département; 2° le budget général de l'État, contenant l'aperçu des recettes et la proposition des fonds assignés pour l'année à chaque secrétairerie d'État.

181. — La chambre des comptes est composée de cinq membres. Ils sont nommés par le président de la République, et révocables à sa volonté.

182. — La chambre des comptes est chargée de l'examen et de la liquidation des comptes de l'administration générale et de tous comptables envers le trésor public. Elle veille à ce qu'aucun article des dépenses du budget ne soit dépassé, et qu'aucun transfert n'ait lieu. Elle arrête les comptes des différentes administrations de l'État, et est chargée de recueillir à cet effet tout renseignement et toute pièce comptable nécessaires. Le compte général de l'État est soumis aux chambres, avec les observations de la chambre des comptes,

Cette chambre est organisée par une loi.

183. — La loi règle le titre, le poids, la valeur, l'empreinte et la dénomination des monnaies.

L'effigie ne peut être que celle de la République.

TITRE V.

DE LA FORCE PUBLIQUE.

184. — La force publique est instituée pour défendre l'État contre les ennemis du dehors, et pour assurer au-dedans le maintien de l'ordre et l'exécution des lois.

185. — L'armée est essentiellement obéissante : nul corps armé ne peut délibérer.

186. — L'armée sera réduite au pied de paix, et son contingent est voté annuellement.

La loi qui le fixe n'a de force que pour un an, si elle n'est pas renouvelée.

Nul ne peut recevoir de solde s'il ne fait partie de ce contingent.

187. — Le mode de recrutement de l'armée est déterminé par la loi.

Elle règle également l'avancement, les droits et les obligations des militaires.

Il ne pourra jamais être créé de corps privilégié.

188. — L'organisation et les attributions de la gendarmerie font l'objet d'une loi.

189. — La garde nationale est placée sous l'autorité immédiate des comités municipaux. Elle est organisée par une loi.

Tous les grades sont électifs et temporaires.

190. — La garde nationale ne peut être mobilisée, en tout ou en partie, que dans les cas prévus par la loi.

191. — Les militaires ne peuvent être privés de leurs grades, honneurs et pensions que de la manière déterminée par la loi.

TITRE VI.

DISPOSITIONS GÉNÉRALES.

192. — Les couleurs nationales sont le bleu et le rouge, placés horizontalement.

Les armes de la République sont le palmiste, surmonté du bonnet de la liberté et orné d'un trophée d'armes, avec la légende : *l'union fait la force.*

193. — La ville du Port-Républicain (ci-devant Port-au-Prince) est la capitale de la République haïtienne, et le siége du gouvernement.

194. — Aucun serment ne peut être imposé qu'en vertu de la loi. Elle en détermine la formule.

195. — Tout étranger, qui se trouve sur le territoire de la République, jouit de la protection accordée aux personnes et aux biens, sauf les exceptions établies par la loi.

196. — La loi établit un système uniforme de poids et mesures.

197. — Les fêtes nationales sont : celle de l'Indépendance d'Haïti, le 1er janvier; celle de l'Agriculture, le 1er mai; celle d'Alexandre Pétion, le 2 avril; celle de la Régénération, le 27 janvier de chaque année.

198. — Aucune loi, aucun arrêté ou règlement d'administration publique, n'est obligatoire, qu'après avoir été publié dans la forme déterminée par la loi.

199. — Aucune place, aucune partie du territoire ne peut être déclarée en état de siége que dans le cas d'invasion imminente ou effectuée de la part d'une force étrangère, ou de troubles civils. Dans le premier cas, la déclaration est faite par

le président de la République. Dans le second cas, elle ne peut l'être que par une loi, à moins que les chambres ne soient pas assemblées. Le cas arrivant, le président les convoque à l'extraordinaire, et leur soumet, par un message, l'acte déclaratif de l'état de siége.

La capitale ne peut, en aucun cas, être mise en état de siége qu'en vertu d'une loi.

200. — La Constitution ne peut être suspendue, en tout ou en partie.

Elle est confiée au patriotisme et au courage de tous les citoyens.

TITRE VII.

DE LA RÉVISION DE LA CONSTITUTION.

201. — Le pouvoir législatif, sur la proposition de l'une des chambres, a le droit de déclarer qu'il y a lieu à réviser telles dispositions constitutionnelles qu'il désigne.

Cette déclaration, qui ne peut être faite que dans la dernière session d'une période de la chambre des communes, est publiée immédiatement dans toute l'étendue de la République.

202. — Si, à la session suivante, les deux chambres admettent la révision proposée, elles se réunissent en assemblée nationale, et statuent sur les points soumis à la révision.

203. — L'assemblée nationale ne peut délibérer si deux tiers au moins des membres qui la composent ne sont présents.

Aucune déclaration ne peut être faite, aucun changement ne peut être adopté, qu'à la majorité des deux tiers des suffrages.

TITRE VIII.

DISPOSITIONS TRANSITOIRES.

204. — Le président de la République sera élu, pour la première fois, par l'assemblée constituante.

Cette assemblée recevra son serment, et l'installera dans ses fonctions.

205. — L'assemblée constituante restera en permanence, et fera tous les actes législatifs, jusqu'à la réunion des deux chambres.

206. — Les assemblées primaires et électorales seront convoquées dans les plus brefs délais, pour la formation des deux chambres.

Ces délais seront fixés par un décret de l'assemblée constituante.

207. — Aussitôt que le pouvoir législatif sera constitué, l'assemblée constituante se déclarera dissoute.

208. — La première session législative ne sera que de deux mois.

En cas de nécessité, elle pourra, néanmoins, être prolongée d'un mois.

209. — Les tribunaux actuels et leur personnel sont maintenus, jusqu'à ce qu'il y ait été pourvu par une loi.

210. — La présente Constitution sera publiée et exécutée dans toute l'étendue de la République; toutes lois, décrets, arrêtés, règlements et autres actes qui y sont contraires, seront abrogés.

Article unique.

En conformité de l'article 204, le citoyen Charles Hérard

aîné (Rivière) ayant réuni la majorité des suffrages, est proclamé président de la République haïtienne.

Il entrera en charge immédiatement, pour en sortir le 15 de mai 1848.

Fait au Port-Républicain, le 30 décembre 1843, an 40e de l'Indépendance d'Haïti, et le 1er de la Régénération.

ADELSON DOUYON, ALCIUS PONTHIEUX, FRANKLIN, BAZIN, A. LAROCHEL, A. MARTIN, DAVEZAC, A. CLÉMENT, BÉDAINQUE, B.-JN. SIMON, VALDÈS, B. ALEXANDRE G., LS.-JH. BAILLE, CHARLES PICART, C.-M. WESTEN, CORVOISIER, BARJON fils, DAVID ST. PX., AX. JTE. CHANLATTE, MOURAS fils, DAVID TROY, D. BENOIT, P. PANAYOTI, D. LESPINASSE, DST. VILLE DAUTANT, P. ANDRÉ, P. BAUFOSSÉ, D. THÉZARD, CHS. DEVIMEUX, FS. DORVILLE, FX. POISSON, F. DONAT, NELCOURT, F. PERALTA, PROPHÈTE, G. HIPOLITE, FBRE. GEFFRARD, SALÈS, J.-S. HYPPOLITE, BAUGÉ, AUG. ÉLIE, JULN. LATORTUE, JOSEPH COURTOIS, MULLERY, B.-A. LABORDE, J. PAUL, JH. MAGNY, FS. ACLOQUE, JH. FRANÇOIS, JN.-CH. JUNCA, J.-L. SANTEL, J. SAINT-AMAND, DUPÉRIER, JH. OSCAR LAPORTE, FONTIL TESSON, MODÉ fils, PILORGE, DR.-JN.-H. FRESNEL, LUBÉRISSE BARTHÉLEMY, LAUDUN, LAPICE, LS. NORMIL DUBOIS, JOSEPH-ALEXANDRE DUPUY, JOSEPH BORELLY, MT.-MY. BENJAMIN, MUZAINE, M. AMBROISE, M. VOLEL, M.-R. CASTELLANO, MIGUEL ANTONIO ROJAS, FRANÇOIS ROMAIN LHÉRISON, MAXIMILIEN ZAMORE, P. BERGÈS, J. NEPOMUCENO TEJERA, PRE. LS. OSIAS, TABUTEAU, B.-A. DUPUY, P. MICHEL, PRE. AIN. STHÉLÉ, REMIGIO DEL CASTILLO, T.-A. BLANCHET, V. PLÉSANCE, S. SIMONISE, S. PARET, ST. AUDE fils, TORIBIO LOPEZ VILLANUEVA, THOMAS PRESSE, E. HEURTELOU, VILLEFRANCHE, G. MANIGAT, M. MARSSE, M.-J. CHARLOT, F. ROCHE, CHS. ALERTE, COVIN aîné, N. FÉLIX, E. NAU, HÉRARD DUMESLE, président, LOUIS B. EUZÈBE, vice-président, DAMIER, GRANDCHAMP fils, VRIGNEAUX, J.-A. GARDÈRE, secrétaires.

Collationné à l'original :

Le vice-président, LOUIS B. EUZÈBE.

Le président, HÉRARD DUMESLE.

Les secrétaires,

DAMIER, GRANDCHAMP fils, VRIGNEAUX, J.-A. GARDÈRE.

FIN DE L'APPENDICE.

TABLE DES CHAPITRES

Pages

CHAPITRE IV.

CHAPITRE V.

CHAPITRE VI.

CHAPITRE VII.

CHAPITRE VIII.

FIN DE LA TABLE.

Paris. Imprimerie de P.-A. BOURDIER ET Ce, rue des Poitevins, 6.

www.ingramcontent.com/pod-product-compliance
Ingram Content Group UK Ltd.
Pitfield, Milton Keynes, MK11 3LW, UK
UKHW021043200726
13857UKWH00003B/801